职场思维系列

中层管理者的88封信

张正顺 —— 著

☺ 中华工商联合出版社

图书在版编目（CIP）数据

中层管理者的 88 封信／张正顺著 . —北京：中华
工商联合出版社，2020.9
ISBN 978 - 7 - 5158 - 2780 - 3

Ⅰ.①中… Ⅱ.①张… Ⅲ.①企业管理 Ⅳ.
①F272

中国版本图书馆 CIP 数据核字（2020）第 133870 号

中层管理者的 88 封信

作　　者：张正顺
出 品 人：刘　刚
责任编辑：李　瑛　袁一鸣
封面设计：子　时
版式设计：北京东方视点数据技术有限公司
责任审读：郭敬梅
责任印制：陈德松
出版发行：中华工商联合出版社有限责任公司
印　　刷：盛大（天津）印刷有限公司
版　　次：2020 年 9 月第 1 版
印　　次：2024 年 1 月第 2 次印刷
开　　本：710mm×1020mm　1/16
字　　数：150 千字
印　　张：15.75
书　　号：ISBN 978 - 7 - 5158 - 2780 - 3
定　　价：68.00 元

服务热线：010 - 58301130 - 0（前台）
销售热线：010 - 58302977（网店部）
　　　　　010 - 58302166（门店部）
　　　　　010 - 58302837（馆配部、新媒体部）
　　　　　010 - 58302813（团购部）
地址邮编：北京市西城区西环广场 A 座
　　　　　19 - 20 层，100044
http://www.chgslcbs.cn
投稿热线：010 - 58302907（总编室）
投稿邮箱：1621239583@qq.com

LETTERS 序

Preface

　　一个意外事故让我在病榻上整整静躺了三个月，这个事件让我猛然警醒。这些年一直忙忙碌碌的，身体一个劲儿地往前冲，可是灵魂和思想却远远地被甩在了后边。平常总是以忙为借口，难得静下心来认真思考。或许这是上苍的安排吧，用这样的方式给予我身心保持一致的机会。既然意外发生了，那就坦然面对和接纳，怨天尤人、后悔懊恼都无济于事。生理上的疼痛反而给我带来了心灵的平静。

　　从1985年大学毕业参加工作到现在，整整过去了三十年，人生可谓是弹指一挥间。在这段职业生涯中，我同很多朋友一样，经历过职场的变迁和成长，从一名普通的员工晋升为基层、中层和高层管理者，曾先后在国企、民企和外企等不同背景的企业工作过。2007年，我结束了在三星集团长达11年之久的培训工作，开始全身心地投入到了企业人才培养与开发的领域里，目前一边给企业讲课培训，一边在一些企业扮演顾问的角色。因工作需要，这些年有机会接触过上百家企业和众多的管理人员。从他们身上，我看到了个性差异，但更多地看到了共性。于是，在原来三星工作经历的基础上，一直致力于企业领导力课程相关的研究。2008年完成了相关课程体系的搭建和梳理。这套体系简称SMTP（Standard Management Training Program）。

我想借用传统的手段，把管理的工具和方法呈现出来，希望能为在组织里从事管理职务的员工带来启迪和帮助。而这个想法，源于我的第一本书《解密三星培训之道——卓越体系造就金牌员工》。当时写此书的动机只有一个，就是想把自己十多年的三星工作经验与同行做个分享，而当我收到很多朋友的来电来信，说书中的"干货"给了他们很多启发时，我更加确信自己做了一件好事，从中也体会到了自身的价值。

随着移动互联网技术的迅猛发展，成人学习的方式也日益丰富，比如案例学习、微课程、移动学习、在线互动等等。但这些学习方式的应运而生，并不意味着不需要传统的学习方式和管理工具。能把有效的管理方法提炼出来，提供给那些即将走向管理岗位或刚刚走上管理岗位，但未接受过系统培训的新任管理者而言，无疑都会提供很好的帮助，给他们带来启发。

这本书的初衷，从一开始的落脚点就在新任的中层管理者身上。

坦率地说，企业的发展战略、企业的经营模式、企业的规章制度、企业的管理机制等等，都是公司层面来决定的。更确切地说，中层管理者没有这个权限，他们能做的就是在企业提供的平台上，怎样更好地发挥自己的能力，更多地体现自己的价值，从而实现与下属和企业的共赢。因此，本书所有信件的内容都是围绕"中层管理者怎么做"来展开的，而不是关注企业怎么做。

序

　　"古为今用，洋为中用"是毛泽东主席提出的正确对待中外文化遗产的基本原则。我们学习管理，又何尝不是如此呢？不管学习什么，都要懂得扬弃和取舍。好的文化一定要传承和发扬，比如中国的传统美德孝道，任何时候都是不能丢弃的。百事以孝为先！这是咱们老祖宗为后人留下的宝贵财富。但中国文化中，或者说中国人的习惯中，有些是务必舍弃的。比如"差不多"。有的人，"差不多"不但成了口头禅，做事也是"差不多"。"差不多"到底差在哪里？差就差在"不多"这个意识和思维方式上，"差不多"也许就差一点点，但就是那一点点不符合标准和规范，将带来致命的结果。

　　借此机会，感谢中华工商联合出版社编辑李瑛先生给予的大力支持和协助。同时，感谢秦皇岛康姿百德高新技术发展有限公司董事长李银祥先生慷慨相助，康姿百德磁疗床垫为我的康复起到了保驾护航的作用；感谢康姿百德人力资源总监刘婷女士、康姿百德北京公司王亚男和李银平女士，以及给予关心的朋友们。

　　还要感谢我的丈夫、我的儿子和我的大姐在我疗伤期间所给予的无微不至的照顾，以及所有家族成员所给予的关爱和鼓励。

2019年12月1日
于北京

LETTERS
Contents 目录

01 Chapter 第一章
正确定位自己的角色

本章导读 <<

　　走上管理岗位之后，管理者首先要做的就是正确认知自己的角色，清楚这样几个问题：管理者是干什么的？管理者扮演哪些角色？管理者的作用在哪里？管理者的工作职责有哪些？本章围绕这些问题，从管理的难点、管理的含义、管理的职责、管理的基本原则，以及管理者开展工作的着眼点、管理者角色转变的切入点等，为新任的管理者，提供了很好的思路。

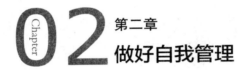

第二章
做好自我管理

本章导读 <<

　　在角色定位清晰的前提下，管理者要进行管理的第一个对象首先是自己，只有先管好自己，才有资格去管理团队和下属，所谓正人先正己就是这个道理。本章从经营自己、强化责任心、注重行为规范、塑造职业习惯、建立心智模式、提升自我领导力等方面，启发管理者提升自我、管好自己。

03 Chapter

第三章
激励下属提升业绩

本章导读 <<

　　正确的管理方法和适合的激励方式，对提升下属的业绩会带来很好的帮助。在寻找和学习适合的管理方法的同时，管理者要不断进行总结和提炼。本章围绕激励、业绩、面谈等关键词，提出了供管理者参考的具体方法。

04 第四章 怎样培养下属？

Chapter

本章导读 <<

在带领团队之前，管理者首先要确立这样的意识：培养和指导下属是"我"的职责！在建立这个意识的基础上，要学习培养下属的正确的方法。本章围绕培养下属的基本原则、培养下属的要点、不同下属的培养方法、不同内容的训练方式、在职培训的实施方法等，帮助管理者理清思路，并提供了很多具体可操作的方法。

05
第五章
目标管理与工作计划

本章导读 <<

　　工作迷茫，是因为不清楚工作的目标和方向，不懂得做事的方法。任何工作，如果没有时间的限定，都不能称其为目标。

　　本章围绕管理者在目标管理中存在的问题，从怎样明确目标、人的行为通则、目标分解的步骤、工作计划的分类、计划管理的要点等，为管理人员提供了目标管理的方法和工作计划制订的工具。

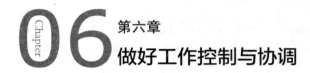

Chapter 06　第六章

做好工作控制与协调

本章导读 <<

　　在做好角色定位和自我管理的前提下，管理者有两大管理对象，即人和事。要完成工作目标，把制订的工作计划实施下去，控制和协调这两个管理职能是必不可少的，这也是管好"事"的必要手段和方法。本章围绕控制和协调这两个关键词，从工作控制的阶段、方法、着眼点、注意事项，以及工作协调的方法等，给管理人员提供了行之有效的具体方法。

07 Chapter

第七章

有效授权的方法

本章导读 <<

　　多数管理者总是觉得很 mang，到底是怎么 mang 也说不清。忙碌？茫然？盲目？出现这样的"三 mang"有不少原因，其中管理者不会授权就是原因之一。本章通过对"三 mang"的分析、授权和工作分配的区别、授权的含义、授权的益处、授权的流程等几个方面，给管理人员提供可正确有效授权的方法。

08 Chapter

第八章
做好会议管理

本章导读 <<

　　召集会议、参加会议，这是管理者日常工作的一部分，但不少管理者不太会管理会议，导致浪费了大量的时间资源。本章从管理者在会议中扮演的两个角色、会议的不同类型和特点、会议的事前、事中和事后的控制、三星会议管理的借鉴，以及会议的主持和参会的方法等方面，启发管理者有效管理会议的方法。

第一章

正确定位自己的角色

LETTERS

走上管理岗位之后，管理者首先要做的就是正确认知自己的角色，清楚这样几个问题：管理者是干什么的？管理者扮演哪些角色？管理者的作用在哪里？管理者的工作职责有哪些？本章围绕这些问题，从管理的难点、管理的含义、管理的职责、管理的基本原则，以及管理者开展工作的着眼点、管理者角色转变的切入点等，为新任的管理者，提供了很好的思路。

第 1 封信　管理工作的难点

第一封信，想和你聊一聊管理的难点是什么。

刚刚走上管理岗位的你，心情一定十分忐忑。一方面，你会为自己的晋升而感到高兴；另一方面，你对挑战新的岗位免不了有些担心和困惑（当然也不乏自信的朋友）。但不管怎么样，至少有一点你一定要意识到：学习管理，没有放之四海而皆准的理论和方法，这跟学习数理化和研究技术是截然不同的领域。学习工科很多时候可以套用公式，按着前辈研究出来的某个定律和理论去推导，但在管理上，这个套路是行不通的，尤其是管理对象是人的时候，就更不能生搬硬套，一定要因人、因事、因具体情况进行具体的处理。这就是管理的难点！

举个例子：我们都知道表扬要公开，批评应避人，这是基本的原则，也是基于对人的尊重。但这种方法也有不适用的情境。有次培训，有位中层向我述说了他的故事：有个下属工作表现不错，他比较满意，时常会在同事们面前表扬这位员工。按理，这位下属应该为自己能得到上司的认可而高兴。可是有一天，该下属闷闷不乐的来找他，提出了意想不到的要求，说："今后请领导不要在员工面前表扬我了，同伴们觉得我是上司眼里的红人，您只关注我的表现，所以他们不予积极配合，做项目时有的袖手旁观，有的认为你做得好，你多干就是！……"表扬下属本来是一件好事，但因为管理者没有把握好度，反而给受表扬的员工造成了小麻烦。也许这个例子是个案，不具有普遍性，但是给我们带来了启发：表扬员工也要结合实际情况。即使是好方法，用得不当，也会带来负面效果。

在企业选拔管理者的时候，有一条几乎是一样的，那就是该员工业务能力一定要好，企业普遍存在的问题是：有不少技术好的员工，自己做事是一把好手，但提拔为管理者后，给他们一个团队带，效果却不理想。带不好团队的原因之一是他们往往用搞技术的思维方式管下属、管队伍，疏忽了下属是一个个活生生的人，是既有共性、又有差别的个体。

希望通过书信的方式，能够为刚刚走上管理岗位的你，提供一些力所能及的帮助，让你更好地明确自己是干什么的、做什么、怎么做。

思考 管理的难点在哪里？

第 2 封信　转变角色先从转变思维开始

这封信想聊一聊作为新任的管理者，怎样才能尽快完成从员工到管理者的角色转变。

对于一名管理者队伍中的新手，想必你一定非常关注一个问题：怎样才能成为一名称职的管理者。为便于理解，我们可以把整个主题分解成多个小块儿，每封信只交流一点、一小块儿或者一个单元。现在就来梳理一下思路，有了头绪，开展工作的着眼点就容易找到了。

那么，怎样尽快转变角色，成为一名称职的管理者呢？这个问题该从哪里着手呢？

在我跟企业老总和人力资源部经理接触的过程中，时常会听到这样的声音：

我们的管理层工作热情没问题，只是他们不得要领；我们企业新提拔了一批管理人员，他们的职位是得到了提升，可意识还停留在原来的层次上，原地踏步。把诸如此类的问题归纳起来，管理人员存在以下共性问题：

◇ 职位变了，但思维没变；

◇ 思维变了，但不得方法；

◇ 方法有了，但不去实践；

◇ 实践过了，但不善总结。

现在，咱们先从思维入手。要完成角色转变，必须先从思考方式和认知上发生变化，你的思维至少要发生四个方面的转变：

1. 从个人到团队的转变

在你是员工的时候，更多地靠个人完成工作，当然有些工作也要与同事合作。但做了管理者，你不再是单枪匹马，要靠下属、靠团队完成任务；不能事必躬亲，凡事亲力亲为，要树立从个人做事过渡到团队一起做事的意识。

2. 从做事到管人

在你是员工的时候，把一个个的事做好就可以了，没有管人的权限和义务。但做了管理者，你不但要做好自己的事、团队的事，同时，你还要管好下属、带好下属，你要树立既做事又管人的意识。

3. 从局部到整体

在你是员工的时候，更多地关注自己分担的工作，是局部，是一小部分。但做了管理者，你要负责一个部门、一个项目或一个团队，你要学会跳出局部看整体，不能犯盲人摸象的错误，要树立全局的意识。

4. 从科学到艺术

有句话："做事靠科学，管人靠艺术。"虽然这不是绝对的，但做事和管人的确有很大的区别。如果你是从技术岗位走向管理岗位的，就更要明确这两者的不同。搞技术做研究，要精确、要数据，而讲管理、学管理，难就难在没有一个统一的标准可以去套用，对人的管理要做到因人而异，无法套用同一种思维和方法。

以上几点，希望能提醒到你，思维和意识不改变，结果只能是原地踏步。

☞ 思考 作为新任管理者，怎样才能尽快完成从员工到管理者的角色转变？

第3封信　从哪里着手学习

在上封信里，我们谈到了作为新任管理者，首先要转变思维。在这个基础上，你要做的就是学习和实践。学海无涯，我们要学的东西太多，而时间资源又很有限，该从哪里着手学习呢？你要有所选择，先缩小范围，然后再慢慢扩大学习的范畴。从新手入门的角度，可以先选择以下几个方面的内容：

1. 什么是管理？管理的含义和本质是什么？

2. 管理者是干什么的？角色、职责和作用是什么？

3. 管理对象怎么划分？分成哪几大块？

4. 管理的技巧和方法有哪些？需要注意的是什么？

这些内容，会在后面的信件里逐一进行交流。

学习过后，运用、实践、总结、改进是最重要的一个环节了。

将所学内容不断进行实践，在实践过程中不断进行总结，总结过后，又要不断进行改进。不少企业有类似的困惑：培训了怎么效果不大？这个问题有很多原因，其中有一个十分重要的环节就是实践、总结和改进。人往往是有惰性的，培训和学习过后，如果不进行后续的跟进，就会停留在课堂学习上。学习管理课程，最重要的是实践。现代管理大师彼得·德鲁克说过：管理是一门实践的学科！

如果有人问我什么事儿最难？我会毫不犹豫地选择一个词——知行合一！

在培训时，我常常问学员朋友：

学习重要吗？重要！坚持学习的朋友有几位？大家你看看我，我看看你。

心态重要吗？重要！每天保持阳光心态的朋友有几位？大家依然是相互张望。

健康重要吗？重要！最重要！！坚持健身的朋友有几位？或许大家意识到了这个问题的重要性，稀稀拉拉，终于有人举起了手臂。

在此我想对你说的是：什么是知道？真正的知道是落实在行动之中，只停留在脑子里不行动，那个不能叫知道。学习管理，只有不断实践和行动，才能不断提升和进步！

思考 新任管理者先要选择哪些内容着手学习？

第 4 封信　怎样理解管理？

在前面的信件里，我们谈到了怎样成为一名称职的管理者，一起梳理了基本思路，在讲到学习内容的选择时，提到了以下几个问题：

1. 什么是管理？管理的含义和本质是什么？

2. 管理者是干什么的？角色、职责和作用有哪些？

3. 管理对象怎么划分？分成哪几大块？

4. 管理的技巧和方法有哪些？需要注意的是什么？

在这封信里，我们先聊一聊第一个问题：什么是管理？管理的含义和本质是什么？

什么是管理？或管理是什么？

要阐明这个问题，理论之多、内容之广、篇幅之大，并不是一件容易的事情。从古典管理理论的诞生，到行为科学理论的形成和发展，再到现代管理理论的问世，管理学经过长期的发展，形成了比较完善的一门学科，出现了很多不同的派别和理论体系。一个多世纪以来，关于管理的定义和概念，可谓百花齐放，层出不穷，不同的专家学者有不同的理解和不同的解释。比如享有盛名的泰勒、法约尔、孔茨、德鲁克等人，都对管理有独到的阐述，他们为管理学的发展做出了卓越的贡献。像法约尔提出的"管理就是实行计划、组织、指挥、控制和协调"的理论观点，至今还在沿用，通常称为管理的五大职能。这些理论，为企业的经营和发展提供了很好的指导。

作为一名新任管理者，系统学习管理学的理论知识固然很有必要，但在时间资源紧张，缺乏管理经验的前提下，如果从这些理论着手去学习，那么在理解和消化的基础上，再转化到行动上就需要花费很多时间，毕竟还没有经历管理的实践，或者说管理经验不足，因而感悟也就不会那么深刻。当经过了一段管理实践再来学习理论的时候，才有助于指导实践，才能达到更好的学习效果。

因此，在晋升的初期，学习内容的选择要先从能够直接运用的部分去切入，这样才能尽快找到感觉，才能缩短角色转换的时间，才能扮演好新的角色。

为了达到这样的目的，在此，我们聚焦和缩小一下范围，先从管理的字面意思和定义着眼，来探讨一下管理的定义和含义是什么。

《现代汉语词典》对管理的定义简单明了：负责某项工作，使之顺利进行。

美国著名的《韦氏词典》对管理的定义也比较简明：对商务、部门、体育团队等进行控制与决策的行为与技能（the act or skill of controlling and making decisions about a business，department，sports team，etc.）

如果从字面意思来说，可以把管理拆分成两个字：管和理。管理的目的是要通过人或团队来实现企业的经营目标，最终要获得顾客满意。

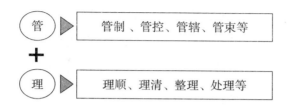

一个企业之所以能够生存，是因为拥有顾客，换句话说顾客是企业存在的根源。顾客分为两大类，一类是外部顾客，一类是内部顾客。对你来说，如果你负责的工作不是在一线直接接触顾客，不是为外部顾客直接提供服务，那就先要搞清楚谁是你的内部顾客，他们包括上司、同事、下属，以及与你有业务关联的所有人员。你的工作只有得到他们的支持，才能更好地开展，因此，你要了解他们的期望是什么，怎样才能满足他们的期望，他们不满意的时候怎样改进。

每个企业都有自己的经营模式，但管理上不会有定式，不会有能够套用的公式，只有适合的才是好的管理。我们不论给管理下怎样的定义，不管怎样去理解管理，如果达不到目标，就一定是哪里出了问题。

在管理上，管理者们时常犯两种错误：一种是只管不理，不能有效的管；另一种是只理不管，不能或不会管。你要梳理一下，在你管理的工作中，哪些是需要你管的，哪些是需要你理的，把这些整理出来，逐一着手去处理，这就叫即管又理，否则就会犯前面说的两种错误，即"只管不理"或"只理不管"。

随着互联网技术的不断发展，学习的手段和方法日益丰富，给我们提供了很好的学习途径。但在学习和借鉴国外管理理念的同时，我们必须了解不同文化的差异，必须结合我们的实际情况，才能真正做到洋为中用。

华裔设计师刘扬曾出版过一本书叫《东西相遇》。这本书通过比较中国和德国两国人生活中的细节，展现了两国不同文化的差异。比如两国人表达意见的方式、时间观念的差别、家庭对待孩子的态度、双方不同的审美观，以及处理问题的方法等等，让人们清晰地看到了不同文化背景下人们行为习惯和思维方式的不同。针对这种差异，就不能用同样的方式去管理。在法制相对健全的西方国家，情理法三者的排序依次是法、理、情，而在具有历史渊源的中国，它们的排序则相反，是情字当头，中国人讲究家和万事兴，以和为贵。而这种思维方式和文化，潜移默化地影响着人们的意识和行为。比如在工作中，当你看到下属有问题时要不要管？为"和"得过且过，能不说就不说，慢慢地你真的就不敢管了。

"内方外圆"是一个有中国特色的词。把这个词与企业管理结合起来，可以拆分成方和圆。方相当于企业的规章、制度、原则、规范等；圆呢？相当于圆满、圆通、圆融、和谐等。在管理和处理事情的时候，要讲究策略和方法，既要顾全大局，以公司利益为重，同时也要考虑员工的心理感受。有原则性，坚持按制度办事没有错误，但如果过于方，疏忽了圆，就会带来一些问题。

有一名员工，他表兄比他长两岁，他们从小住在一个小区，一块儿长大，关系很好。不幸的是，有一天他表兄出了车祸，去医院的途中因失血过多，还没有来得及抢救就离世了。得到这个噩耗，这名员工悲痛万分，想请假回去奔丧，送表兄最后一程。但他的主管上司因以下三个理由没有准假，拒绝了他的请假要求：

（1）工作任务很重，人员紧张，加班加点赶工期；

（2）该员工的带薪年假已经休完，不能额外申请假期；

（3）表兄不是直系亲属，请丧假不符合条件。

按理说，管理者按制度办事并没有错，可结果呢？这名员工在没有获准的情况下还是回去了，回来之后就提交了辞呈。平时，这名员工工作表现不错，当时本来他们部门人员就紧缺，因这件事上司处理不当，又少了一名能干的员工，可谓是雪上加霜。

这名员工没有得到上司的同意就擅自回去，肯定是错误的。如果你是该员工的上司，会怎么处理呢？遇到问题的时候，一定要具体问题具体分析。人是情感复杂的高级动物，在处理事情时，即使你没有错，若想得不够周到，就会带来意想不到的后果。

因此，出现类似的问题时，在不违背公司原则的前提下，要根据国情和文化衡情论理，既要保障公司的利益，也要考虑员工的感受，保持方和圆，即法与情的平衡。如果只是考虑方，忽视圆，可能就会走向僵化；而如果过于关注圆，忽略了方，则公司的制度就形同虚设。管理的本质就是内方外圆。

思考 1. 怎样理解管理？

2. 分析你自己的工作，哪些是需要管的？哪些是需要理的？怎样进行改善？

第 5 封信　管理对象的分类

说到管理的对象，想必你一定想到了很多，脑子里浮现出一个个具体的对象，比如：人、机、料、法、环；比如质量、数量、时间、成本、服务、士气等等。这样理解没有错误，作为中层管理者，你要管的事儿确实不少。但在这封信里想和你交流的是怎样把这些具体的对象进行划分。归纳起来，可以把管理的内容分成三大对象，即管己、管人和管事。

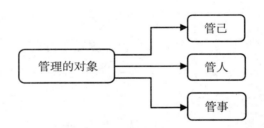

先做人，后做事；先管己，后管人，这是成为管理者的前提条件。

至于怎么管己、管人和管事，在后面的信里我们会逐一进行交流。

👉 思考 为便于管理，怎样划分管理的对象？

第6封信 从哪里着手开展工作？

现在，你已经是一名管理者了，你是从哪里着手开展工作的呢？

在与企业的管理者接触过程中，我发现一个共性又普遍的问题，很多的管理人员，职位是晋升了，但不知道从哪里着手开展工作，甚至觉得有些茫然，角色和称呼是变了，但工作没有起色，感觉所做的事儿跟晋升之前做的没什么两样，倒是加重了心理负担和工作压力。不知道这是否也是你的困惑，这封信就来聊一聊这个问题。

那么，刚走上管理岗位的新人，你要做的第一件事是什么呢？同样的问题，不同的人回答是不一样的，虽然没有统一的标准，但以下几点需要你弄清楚：

1. 新任岗位的能力要求和工作职责是什么？

不同的岗位，其工作职责和能力要求是不一样的。对于新的工作岗位，你首先要了解和弄清楚的就是这个新岗位对你有什么样的要求，岗位职责是如何描述的。如果你所在的公司，在这方面做得不完善，或比较欠缺，那么就要和你的上司以及人力资源部负责人进行充分交流，以便了解自己要做什么，以及上司和公司对你的要求是什么。

2. 你所负责的团队或部门的工作目标和所要完成的任务是什么？

在我所接触的新任管理者中，不少员工都觉得心里忐忑，担心自己不能很好地胜任工作，他们的工作积极性和热情都比较高，但不得要领，忙忙碌碌，有的常常事必躬亲。在开展工作时，你要记得提醒自己，管理者应有所为，有所不为，团队的工作任务要靠团队去完成。对团队任务和目标尚不清晰的情况下就去动手，那叫蛮干。做事要养成一种习惯，花点时间认真研究和分析，明确了再去寻找方法。

3. 了解下属的岗位职责

带领下属一起工作，即有分工又要合作，下属的岗位职责可以让你知道每个下属的工作范畴和岗位要求，这是了解下属工作内容的重要途径。

如果下属没能履行好自己的工作职责，作为上司的你，就要给予指导和帮助，因此，一定要了解清楚每个下属的岗位职责。

4. 了解上司的管理风格

作为职场员工，辅佐上司是基本要求。不同的上司，其领导风格和工作要求会有所差异。为了更好地协助上司共同发展，你要了解直属上司的工作风格，遇到问题及时进行沟通与交流，尽可能获得上司的支持。

了解上面的几点，也只是一个开始，你要通过不断学习和实践，提炼总结，积累经验。

看 思考 新任管理者，要先从哪里着手开展工作？

第 7 封信　怎样了解你的下属

这封信，我们聊一聊了解下属的方法。

不管是后面要讲到的培养下属、激励下属，还是目标管理、工作授权等，了解你的下属是你必做的功课。而要了解一个人，不是一件容易的事情，它需要时间和过程。

想要了解你的下属，有以下三个基本的途径可以参考：

1. 面对面进行交流和沟通

有人说世上最远的距离是心与心的距离。在职场，员工对管理者会有一定的距离感，这种距离感虽然因人而异，但更多的因素是由职位所带来的。你和你的下属既是同事关系，又是上下级的关系，你手里掌握着评价下属的权利。因此，即便你的下属有点疏远你，或者跟你有些距离感，也都是正常的。你要做的是以诚相待，讲究方法，在坦率的同时，还要注意策略。面对面进行沟通与交流是了解下属最直接也是最有效的途径。

2. 通过你平日的观察

在工作和生活中应留意周边的人以及所发生的事，比如，你交代下属做一件事，有的下属性格比较内向，话语不多，但他会很好地完成任务；而有的下属，答应的很好，做事却敷衍了事。通过观察下属的工作表现和行为，既可以了解下属，也可以发现问题。善于观察是一个良好的习惯。

3. 通过调查了解下属

了解下属的第三个途径可以采用调查法，通过他周边的人，了解他的一些信息和基本情况。有的下属不愿意和你敞开心扉，甚至可能有抵触情绪，通过观察他的行为，你也许可以感知到这一点，但又无法进行很好的交流，此时可以考虑采用这种方法，尝试通过第三者或他人了解下属的想法。

根据你对下属的了解程度，又可以分为三个层次：

第一，了解下属的基本情况。

这里讲的基本情况，是指简历上那些最基本的信息，比如性别、年龄、毕业学校、籍贯、家庭住址等，这是最初级的了解。

第二，了解下属的性格特点、爱好、特长等。

不同的下属会表现出不同的行为特点，包括性格的因素、特长和爱好、对工作的兴趣等。经过一段时间的相处和观察，你要努力找出每个下属不同于他人的特点和优势，同时也要观察他们的短板和不足，这样对下属就容易做到有的放矢。

第三，对下属深层次的了解。

什么是深层次？说的是下属的内心世界和思维模式。不少人有这样的体验，以为对某人已经比较了解了，但经历了某件事，才恍然大悟——知人知面不知心！人心隔层肚皮，这话也同样表达了真正了解我心、你心、他心的难度。

人的内心世界是比较复杂的，它可以通过一个人的语言和行为显现出来，你要学会不留痕迹地观察下属的言行举止，包括下属的价值观、内在的需求、动机等等。不能够很好地了解下属，要对下属进行指导、激励、授权等，那就无从谈起了。

有这样一则小故事，耐人寻味。有一天五个手指兄弟争谁是老大，大拇指说："四位兄弟，我是老大，因为我最粗！"听起来，理由似乎成立。

食指说："四位兄弟，我是老大，因为我最灵巧！"听起来，理由似乎也成立。

中指说："四位兄弟，我是老大，因为我最长！"听起来，理由似乎还是成立。

无名指说："四位兄弟，我是老大，因为我最珍贵，结婚戒指戴在俺身上！"听起来，理由似乎也还是成立。

手指四兄弟说完各自的理由后面面相觑，等待小拇指陈述理由。这时，小拇指不慌不忙、慢慢悠悠地说：

"四位兄弟，我是老大，因为烧香拜佛祈愿时我总是排第一！"

看完小故事，不知你有什么感想，可谓是"天生我才必有用"。

比如，你是个急性子，做事雷厉风行，而你的某个下属刚好是另一个极端，做事慢慢悠悠。你会怎么办？不断催促快点！快点！！再快点！！！可那是人家的性格，不断催促就能快吗？一个快，一个慢，哪个对？哪个错？哪个好？哪个孬？显然，这里没有谁对谁错，也没有谁好谁坏，只是你们之间有差异、不同而已。急性子做事快，效率高，但可能马虎有漏洞；慢性子做事慢，效率低，但可能细腻而认真。这些都不是绝对的，你要做的是接纳下属与你的不同点，在工作中做到扬长补短。记住，不是扬长避短！如果不努力学习，短板是永远避不掉的，也无法补上。

有人把员工分成几大类，什么表现型、服从型、思考型、友好型、控制型等等，但这样的划分，似乎忽略了个体本身的复杂性，就算下属之间共性多，他们毕竟是一个个不同的个体，有很多不同于别人的特点。作为管理者，把员工进行分类管理未尝不可，但更重要的是要努力找出他们的不同特点，并提供机会去发挥他们的特长。

☞ 思考 怎样去了解你的下属？

第 8 封信　管理者扮演哪些角色

在这封信里，我们一起聊聊你在工作中要扮演哪些角色。

角色这个词听起来有点务虚，有点偏理念，它跟管理方法不一样，没有1234的步骤，但如果搞不清楚，就无法扮演好，那也就谈不上称职了。换句话说，角色就是让你明白中层管理者是干什么的，你的位子在哪里，应该做哪些事情，你要承担什么责任等。

人生如戏，戏中人生。一个人在一生中要扮演很多的角色，而在不同场合对所扮演角色，要求也不一样。比如，如果你是已婚有孩子的男员工，在家里你要扮演的角色是父母的儿子、孩子的父亲、妻子的丈夫，有兄弟姐妹的话，可能你又是哥哥或弟弟；如果你是已婚有孩子的女员工，在家里你要扮演的角色是父母的女儿、孩子的母亲、丈夫的妻子，有兄弟姐妹的话，可能你又是姐姐或妹妹。在公司，你是一名管理者，同时又扮演上司、同事和下属的角色，清晰明确地找准自己的位置非常重要。

所谓找准自己的位置，就是要搞清楚自己在工作中应该扮演什么角色，每个角色的工作任务是什么，怎样去扮演好这些角色。我们拿人体做个比喻，高层相当于大脑，基层相当于四肢，而中层就是脊梁和腰部，不同的器官和部位有不同的功能。人一旦脊梁受伤，就只能倒在床上，无法坐立和行走。可见中层管理者在企业里有多重要。

在工作中，你至少要扮演以下九大角色：

1. 领导者

说到领导者，员工们首先想到的是企业的高层领导，而往往把自己置身在外。分析一下领导这个词就不难理解，企业每个层级的管理者都是领导者。怎么讲呢？平时我们说的领导是名词，省去了一个者字，而作为动词，领导是一个过程，什么样的过程？是引领、带领他人一同完成任务的过程。晋升为中层，你就要带领你的团队去完成工作目标和任务，因此，你是名副其实的领导者，是"领"和"导"的人。

2. 监督者

在日常工作中，给下属布置工作任务后，你要进行监督、跟进、检查和反馈，而且反馈一定要及时。如果发现问题不及时纠正，小问题就会演变成大问题；如果碍于面子得过且过，部门或团队的工作风气就会变得松散。

扮演好监督者的角色，才能少走弯路，及时发现和纠正问题。

3. 传播者

由"传"字组成的词有不少，比如：传达、传递、传导、传承、传授、传播等等，你会选择哪个词？

如果是一线管理者，他们的作用之一是上传下达、信息传递，而对中层管理者来说，这是最基本的要求。除此之外，一定要上一个台阶，去扮演一个传播者的角色，包括传播公司的企业文化、传播正能量、传播积极向上的思想和理念等。在培训时，发现不少企业的管理者对公司的企业文化了解不多。一方面，企业本身在企业文化建设上重视不够，没有进行有效的梳理和提炼；另一方面，管理者自身在这方面的意识比较缺乏。你务必要记得，只有很好地融入企业文化中，才能在该企业得到更好的发展。

4. 协调者

从字面上看，协的繁体字"協"，其意思为众人同力。如果从管理学的角度给"协调"下一个定义的话，可以解释为：管理人员为顺利完成工作，对某一个问题与有关人员进行交流与沟通，相互交换意见，并保持双方的和谐和均衡，最终达成组织的目标。在工作中，因为多种原因，出现意见分歧是很正常的，出现问题要及时进行沟通与协调，尽最大努力确保工作目标的完成。

5. 训导者

在人才培养和员工培训方面，很多管理者犯了一个严重的错误，认为培训员工和培养人才是人力资源部或培训部的事情。作为新任的管理者，上任伊始，你就要意识到一点：培养你的下属是你的责任，而且责无旁贷。训导者可以理解为训练者、培训者、教导者、指导者等。

关于培养下属的具体方法，我们在后面的信件再详细交流。

6. 执行者

中层管理者是企业战略的执行者，是企业战术的制定者，有效完成各项任务和目标，是你义不容辞的责任。在未能完成任务时，任何看似合理的理由也只是借口而已，或被认为是推卸责任。

7. 调配者

不同层级的管理人员，他们对人、财、物三大基本资源的调配权限是不一样的。根据工作需要和实际情况，你要合理调配有限的资源。比如你同时管两个或多个项目，就要安排和协调好人力资源，如果人力不够，而又超出了自己的权限范围，则要向上级请求帮助。

8. 支持者

要积极协助下属完成工作，给予下属有力的支持。有的下属即使遇到困难或问题，也不善于向上司反映和汇报，你需要进行认真观察，及时给予指导和帮助，必要时为员工提供资源的支持。

9. 好下属

在扮演好上面八大角色的同时，不要忘记自己也是一名下属。比如，你随同上司去会见客人，初次见面，大家交换名片相互认识。这时，作为下属的你就不宜抢在上司的前面递送名片。一个聪明的员工，一定懂得尊重同事，特别是上司。职场上有一样是无法选择的，那就是顶头上司，即使有的员工对上司不满意，公司也不可能为他替换。选择继续留任，就要调整好心态，适应对方的领导风格。

看 **思考** 在工作中，你应扮演哪些角色？具体怎么做？

第 9 封信　管理者的职责与作用

上封信我们交流了你在工作中要扮演的九大角色，在明确这些角色的基础上，这封信聊一聊管理者的职责与作用。

管理者要尽的管理职责，至少有以下几点。

1. 辅佐上司

在工作中你要扮演的九大角色里，已经聊过这个问题，作为中层管理者，辅佐上司是你重要的职责。通过有效的沟通与交流，你要了解上司的想法、期望和要求，明确上司下达的指令和任务目标，以及上司的领导风格和做事的方式等。需要提示的是：辅佐上司不是阿谀奉承；不是玩儿手段；不是溜须拍马，而是要成为上司的得力助手，能为上司分担工作，能够独当一面，能提出建设性的建议，能有效协助和支持上司的工作，最终实现与上司共同发展。

2. 完成工作任务

管理的目的是为了实现公司的经营目标，如果你完不成工作任务，受影响的不只是你个人，对公司也会出现短板效应，而你的工作能力，最终是通过结果来呈现的，完不成任务，也就无法得到上级领导和公司的认可。因此，你要让每个下属明确工作目标，制订好工作计划，利用所有可用的资源，全力以赴推进工作，为企业的发展贡献出自己的价值。

3. 激励与培养下属

有关激励和培养下属的方法，在后面的信里会逐一介绍和分享。在此，你先要有这样的意识和观念。你的部门和团队的工作任务，靠你自己是无法独自完成的，必须通过与下属分工合作、同心协力才能完成。因此，激发下属的积极性和工作的热情，帮助下属提升能力，让他们发挥所长，这是你非常重要的管理职责。

4. 解决问题

管理工作是诸多问题的延续，是不断解决问题的过程。在解决问题时，要注意方式和方法。

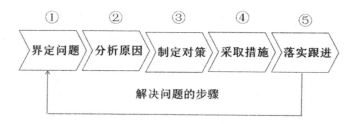

① 界定问题：到底发生了什么？什么是问题？问题在哪里？明确了问题所在才能对症下药。

② 分析原因：一定要找出真正的原因。比如，头痛有很多原因，高血压、颈椎病、神经性、睡眠差、感冒等等，没有弄清原因

之前，万万不可乱用药物。

③ 制定对策：在分析原因的基础上，对策至少要订立两套以上，没有备选方案有时就会被动。制定的对策一定要适用，否则就没有意义。

④ 采取措施：在生活中，健康的重要性人人皆知，但坚持锻炼的人并不多，认知仅仅停留在"知"的层面，不采取措施和行动，好的想法也永远只是想法而已。同样，在工作中，再好的措施如果不去运用，问题就得不到解决。

⑤ 落实跟进：最后这一步是务必要的做，在采取措施的过程中，要跟进过程，措施得到落实了，问题才能得以解决。

5. 团队合作

你要带领下属共同完成公司赋予你的任务，建立必要的规则，合理分配工作任务，确立相互合作的方式，致力于团队运作的凝聚和整合，而团队合作，不仅包括团队内部的合作，还包括你带领的团队与其他团队之间的合作。

在履行上述管理职责的同时，你要发挥管理者的作用。管理者的作用，用一句话概括就是承上启下，把它延伸一下，要明确以下几点：

第一，你是公司战略的执行者。

你不但要执行，更艰巨的是你要带领你的下属一起去执行。

第二，你是公司战术的制定者。

怎样开展部门工作？怎样进行合理的工作安排？怎样进行工作的控制？怎样制定适宜的工作计划？包括团队相应的决策，都要通过你去完成。

第三，你是公司的脊梁，起着上传下达和桥梁的作用。

第四，你不是劳模。

任劳任怨、有奉献精神固然可贵，但不能凡事亲力亲为，你的作用是员工遇到问题时要帮助他们解决，而不是事必躬亲。

第五，你不是球星。

你的作用是像教练一样，了解下属，把控全局，发现他们的长处，把他们有效地整合在一起。

☞ 思考 管理的职责有哪几个方面？如何履行？你应该怎样发挥自己的作用？

第 10 封信　遵守组织管理的基本原则

这封信我们来聊一聊企业组织管理的几个基本原则。你要开展好管理工作，有的原则是必须要了解和掌握的，不然，即使你很努力，不懂这些，也会让人觉得你做事缺少章法，如果不遵守一些基本原则，管理就会出现混乱。

有一次去一家企业培训，分管人力资源部的副总除了反映中层管理者存在的问题之外，还特意提到一点，他说自己在上一家公司接受过相应的管理培训，一些组织管理的基本原则会比较注意，但在这家企业，大家都没有这个意识，比如，下属们经常越级报告，弄得当事人比较被动。试想，本来有项工作是你负责的，但你的下属时常跑到上面去报告，这种情境你能不被动吗？也许下属们并不是有意要这么做，只是不懂这么做是不正确的。所以，你不但要学习，还要培训你的下属。

企业的组织管理，其基本原则是务必要遵守的。法约尔曾提出过14项基本原则。有的企业，参考前人的研究成果，再结合自身企业不同的情况，对本企业管理的原则重新做了修正和界定。其中，共性的基本原则有：

　　◇统一指挥的原则

　　◇目标一致的原则

　　◇权责对等的原则

　　◇个人服从整体的原则

　　◇工作简化的原则

　　◇公平公正的原则

　　◇鼓励创新的原则

现在就来聊一聊运用这些基本原则的注意事项。

统一指挥的原则

在企业管理中，统一指挥原则强调的是：每个员工只由一位主管下达指令及监督；每个员工只向一位主管报告；每个员工都要遵循组织指挥的系统。其含义是要尊重每个员工的职位，让员工明确自己的责任，并专心完成自己的工作。

这个原则告诉你的是不能犯越级的错误，当然特殊情况也要特

殊处理。在日常工作中，很多的管理者并没掌握这个原则，越级报告、越级指挥的现象经常发生，破坏了组织指挥的系统，其结果是员工的职位没有得到应有的尊重，大家都会陷入尴尬。就这个原则，以下几个问题你要认真思考：

1. 你的下属越过你向上报告怎么处理？

2. 员工越过你手下的主管向你报告怎么处理？

3. 你的上司越过你向下属布置任务怎么处理？

4. 你被越级指挥怎么处理？

当然，也不是任何时候都要机械地套用统一指令的原则。日常工作中也有一些例外的情况，比如：突发事件、负责人不在、事前协调好、当事人需要回避等。

所以，这个原则要结合实际情况把它用好。

目标一致的原则

公司的经营目标是一层层向下分解的，部门的工作目标来自公司；员工的工作目标来源于部门。只有上下方向一致、目标一致，全体员工才能齐心协力，劲儿往一处使。你是管理者，你就有这样的责任和义务，帮助下属明确目标，使总体方向保持一致，上下目标保持一致。

权责对等的原则

权利和责任是对等的，权力越大，责任也就越大。作为中层管理干部，你对上、对下都要担负起责任。对上，你要对你所在的部门业绩负全责；对下，你有权利进行监督。你是管理者，就要勇于承担责任。

个人服从整体的原则

这个原则说得完整一点就是个人利益服从组织整体利益。人性是非常复杂的，善恶并存。善占了上风，恶才能被遏制，但有时，恶像一条毒蛇，人们还没有做好防备，就扑了上来，它的毒性慢慢蚕食着人的思想和意识，最终欲罢不能，就像那些贪官无法控制贪欲一样，葬送了自己的前程。

作为职场员工，无论你是普通员工还是管理人员，当个人利益和企业利益发生冲突的时候，率先保障企业的利益，这是基本，也是必须的；同样，当部门利益和企业利益发生冲突的时候，作为管理者，你必须放下本位主义，率先保障企业的利益，这是你的责任！

工作简化的原则

从企业的角度，工作简化要做到组织的扁平化、考核指标的简单化、程序和流程的快速化、文山会海的缩减化等等。从管理者的角度，工作简化可以提高工作效率，节俭时间成本。但切记一点，为了简化工作，绝不能省略必须的流程和检查，做事绝不能流于形式。

公平公正的原则

世上没有绝对的事物，所谓的公平公正都是相对而言的。一方面，企业应建立公平公正的机制和制度，让员工在公平的环境中工作与成长；另一方面，你身为管理者，可以将心比心。如果你的上司不能公平公正的对待你，你会做何反应？所以，在管理下属时，你要放下对某些下属的想法和偏见，力争做到就事论事。

鼓励创新的原则

听到创新这个词，你的第一反应是什么？这些年，创新一词在国内很火，但不少人对它的理解有失偏颇，总会片面地把重点放在了"新"上，该继承的也没能保存下来。其实，创新包含了两层含义，一个是像字面一样创出新的，即从无到有；另一个含义是改善或改进，即从有到更好。工作是很多问题的延续，你要善于观察和发现问题，并积极采取措施加以改进。

以上这些管理的基本原则，希望你在今后工作中注意、参考和运用。

思考 组织管理的基本原则有哪些？需要注意什么？

第二章

做好自我管理

LETTERS

本章导读

在角色定位清晰的前提下，管理者要进行管理的第一个对象首先是自己，只有先管好自己，才有资格去管理团队和下属，所谓正人先正己就是这个道理。本章从经营自己、强化责任心、注重行为规范、塑造职业习惯、建立心智模式、提升自我领导力等方面，启发管理者提升自我、管好自己。

第 11 封信　管理者要管的第一个对象是自己

　　这封信我们聊一聊：身为管理者，你首先要管好的第一个对象就是你自己。

　　为什么自己是第一个要管理的对象呢？

　　在一个家庭里，父母是孩子第一个效仿和学习的对象，好的父母可以成为子女的榜样。比如关于孝，古人说：孝于亲，子亦孝之；身即不孝，子何孝焉。我们对父母尽孝，将来我们的子女对我们也会尽孝；我们对父母不孝，就无法期待我们的子女对我们尽孝。由此看来，榜样的力量是巨大的。在职场，管理者和下属之间，又何尝不是如此呢？

　　彼得·德鲁克先生曾说："一个好的领导者，首先是一个成功的自我管理者。"在日常工作中，你的言行举止会对下属产生直接的影响，就像《论语》中所写的那样："其身正不令而行；其身不正，虽令不从。"这句话虽然不是专门针对管理者而言的，但用在管理者身上，我觉得十分贴切，所谓正人先正己，强调的正是管理者以身作则的重要性。所以，在日常工作中，管理者要处处以身作则，给员工树立良好的榜样。

被誉为中国古代入德之门的《大学》，在开篇就写有这样的两句话："自天子以至于庶人，壹是皆以修身为本。"其含义非常明确，上自帝王将相，下至平民百姓，一切都要以修身为做人处事的根本，修身是我们每个人一辈子都不能松解的课题。

怎么做呢？简单地说，在日常生活中，身为管理者，你要从点滴做起，从力所能及的事做起，从身边的小事做起，从别人不做的事做起，并且要养成一种高度自律的习惯。对自律，西奥多·罗斯福有一段经典的描述，他说："有一种品质可以使一个人在碌碌无为的平庸之辈中脱颖而出，这个品质不是天资，不是教育，也不是智商，而是自律。有了自律，一切皆有可能！"许许多多这样的经典语句，如果我们不去领悟和理解，不加以运用和实践，那么，再好的名言名句永远都不会变成我们自己的一部分。

人间处处是道场！正如南怀瑾先生所言："真正的修行不只是在山上，也不只是在庙里，更需要在社会中，要在修行中生活，在生活中修行。"

一个人的素质和修养，往往体现在一些细节上，是通过他自己的言行举止能够表现出来的，这些可以装扮一时，但如果不注意修行、学习和积累，那也只是暂时的。举几个例子，早上上班时间，大家都比较匆忙，你偶尔出现意外情况迟到了可以谅解，但不能经常掐着时间到岗。正确的做法是要比你的下属提前到达工作岗位，然后梳理当天的计划，准备一天的工作，从容地开始新的一天；培训时民主选举组长，当要求学员把右手投给心目中的组长时，不少学员用一个食指直指对方，如同指责和批评，而即便是指责和批评，也不宜用这样的手势，应该给予对方尊重；你和你的下属一起过马路，你是带头闯红灯，还是不管有无车辆，都能自觉遵守交规；公司要求上班时间务必穿着工装、佩戴胸卡，你是否带头去做……诸如此类，看似事件不大，但正是这些点点滴滴的事件，潜移默化地影响着员工，影响着周边的人。所以，管理者要求员工做到的事项，自己务必带头要做到。管理无小事，点滴积累就变成了大事，要让下属员工养成良好的习惯，需要管理者多方面的努力，在与下属共事过程中，始终不能放松对自己的要求，只有先管好自己，才有资格和自信去管好下属，这是"管人"和"管事"的前提条件。

☞ 思考 管理者为什么管理的第一对象是自己？

第 12 封信　学会经营自己

说到经营一词，我们首先想到的往往是经营企业，经营商务，经营某一行业等，而把人生作为经营对象的人并不普遍，把人生作为一项工程来经营的人，更是为数不多。对于大多数人来说，生命的长度充其量也不过一百年，更让人遗憾的是时间资源不可再生，所有过去的时间一去不能复返，在有限的时间里，怎样经营好自己的生命，想必是人人都需要思考的问题，这封信我们就聊一聊这个话题——怎样经营自己。

著名的文学家马克·吐温说过："你生命中最重要的两个日子，一个是你出生的日子；一个是你知道你为什么出生的日子。"第一个日子大家人人皆知，但对于第二个日子，很多人不曾想过，或即便想过，也觉得比较哲学。借此机会，可以一起来思考一下这个问题吗？当我们真正知道马克·吐温所说的第二个日子的时候，才会认真地去思考我为什么活着，我的价值在哪里，我能够做些什么，我应该怎么去做……然后去寻找方法，让我们短暂的生命过得更加充实快乐，更加有价值，更加丰富多彩。世上所有的人无一例外，谁都不可能选择自己的出生、家庭和父母，但后天很多的事请，我们是可以自己把握的，即所谓的命运，由命和运构成，命无法自己做主，但是运可以自己把控！

现在我们画一个坐标轴图，把"经营自己"作为横轴；把"经营他人"作为纵轴，两者交叉，看一看可以划分出哪几种不同的类型：

简单分析这四种类型，不难看出他们的特点：

1. 不经营自己，也不经营他人

这类人头脑空空，没有目标，无端的浪费着生命，是呼吸着的"死人"。

2. 不经营自己，由他人经营

这类人目标模糊，不知道何去何从，受他人主宰，别人让做什么就做什么，对自己的未来没有规划和想法。

3. 经营自己，不经营他人

这类人是"各人自扫门前雪，莫管他人瓦上霜"。

4. 经营自己，也经营他人

在企业组织中，这个群体就是像你一样带队伍的管理人员。他们首先要经营好自己，做好自己职业发展规划，同时也要经营好团队，帮助下属做好自我管理和职业发展的规划，实现与下属的共赢。

自我经营，最重要的就是要在不同时期有不同的目标，也就是要有大大小小的阶段性目标和规划。而在不同的年龄阶段，目标的侧重点会有不同，作为职场的一名员工，不论任何时候，学习目标、工作目标、生活目标等都是务必要有的，否则，生活就会迷茫。

有时，我们因为有些事没有处理好而懊恼，后悔不该这样不该那样。但时间不会因为人们的懊恼而补给我们失去的机会，这种后悔不但令人烦恼，毫无意义，更糟糕的是继续浪费着当下宝贵的时间。所以，你唯一要做的就是从现在开始经营好自己未来的日子，总结和反思过去的经验教训，真正肩负起"生"的使命，换句话说，就是怎样把生命中的每一天过好，而过好的标准人人不同，对于目前在职场打拼的你而言，你个人的发展目标与公司息息相关，怎样做好职业规划，并借助一个好的平台更好地发展和提升自己，这是你需要思考的。

自我经营，还有一个前提，就是要自己了解自己。一个人能够客观、准确地认识自己并不是一件容易的事情，而对自我认识不清楚，就无法对自我做出正确的评价。

为了做好自我经营，你可以利用SWOT分析工具对自己进行分析，如果觉得自己不能够客观全面地分析自己，可以找熟悉你的朋友给予帮助。

SWOT分析法是一种对企业战略环境进行分析的管理工具，其中四个字母的含义分别是：S（Strengths）代表优势，W（Weaknesses）代表劣势，O（Opportunities）代表机会，T（Threats）代表威胁。

利用这个工具进行自我分析时，不必像分析企业的战略环境那样复杂地去考虑SWOT四个词之间的关系，你只从这四个词所代表的意思去考虑，简化使用就可以了。比如：

S：你有哪些优势或者优点？怎样最大限度地发挥出来？

W：你有哪些不足与短板？怎样进行改进和提高？

O：你身边有哪些机会？怎样去把握和捕捉？

T：你身边有哪些是威胁或危险的因素？怎样避免和防范？

总之，要从多方面了解和认识自己，这样才有利于自我经营。

☞ 思考 你将怎样经营自己？未来三到五年的发展规划是什么？

第13封信　责任心是管理者必备的素质

前不久去杭州出差，坐在出租车上，几次碰到没有红绿灯的人行斑马线，而每次看到路边有人想穿过马路，这位司机就会缓缓踩住刹车停稳车，用手示意让行人通过。这一幕让我对这位司机产生了敬意，不由自主地给予了称赞，但司机师傅用比较平和的口气回应了一句："这是应该的！"是啊，礼让行人是应该的，但应该的事又有多少人做到了呢？在没有人监督和检查的情况下，能自觉地做该做的事，这是高度的自律。

责任心是我们做人的基本，也是管好自己的前提。一个人是否有责任心，可以表现在方方面面。

我们一起来看一则故事。

1985年，拥有350年历史的牛津大学大礼堂出现了严重的安全问题。经过专业人士检查，发现大礼堂的20根木制横梁已经风化腐蚀，需要立刻更换。这20根横梁都是由巨大的橡木制成的，如果要保持大礼堂350年来的历史风貌，就必须用同样材质的橡木替换。这让牛津大学的负责人很伤脑筋。即使在30年前的1985年，要想找到20棵巨大的橡树已经是非常困难了，或者就是找到了也是价格不菲，每一根橡木将花费至少25万美元，20棵就是500万美元。

就在校方一筹莫展的时候，校园园艺所传来了一个好消息，报告说350年前，大礼堂的建筑师早已考虑到后人会面临的困境，当年就请园艺工人在学校的土地上种植了一大批橡树。如今，300多年过去了，当年种植的橡树树苗，每一棵的尺寸都已远远超过了横梁的直径和长度。这个消息令人激动！

350年过去了，也许人们并不知道建筑师是谁，甚至他的墓地也早已荒芜，但那位建筑师的用心和远见令人肃然起敬，他高度的职业责任感，以及留给后人的思考远远没有结束，在敬佩和感动之余，我们需要深思的是自身应该如何去做。

回到我们的现实工作中，看一看什么是责任，什么是责任心。

《现代汉语词典》对"责任"是这样定义的：责任就是分内应做的事。

简短的一句话，包含了很多含义，把这几个字拆分开来，每个字都有不同的意思：

"份"是指岗位、角色、职位、位子等；

"内"是指内部、范围、范畴、界限等；

"应"不难理解，意思是应该、必须、不可推卸、理所应当、责无旁贷等；

"做"可以理解为从事、处理、完成、执行、落实、履行等；

"事"指的事业、工作、业绩、目标、事情等。

把这些词连接起来，从职场工作的角度而言，责任就是必须处理和执行好职位范畴内的工作，完成岗位范围的工作任务和目标。

当我们参加工作的那一刻起，就已经肩负起了一种责任，而随着职位的升迁，相应地所承担的责任就会越来越大。

曾看过一个报道，讲的是一位开双层巴士的公交车司机的事迹。有一次在行车途中，这位司机不幸突发心脏病，在自己生命的最后时刻，他做了三件事：

第一，把车辆慢慢地停靠在路边，拉下了手动刹车闸；

第二，用力按下车门的按钮，让乘客下车；

第三，将发动机熄火，以确保车辆与乘客的安全。

做完这一切，他倒在了方向盘上，永远离开了这个世界。一名平凡的公交车司机，他用自己的生命告诉我们，一个人应该怎样承担职业所赋予的责任！

明确了什么是责任，责任心也就不难理解了，它是自觉地把分内的事做好的一种决心，是一个人对待自己、对待他人、对待家庭、对待公司、对待社会、对待国家，乃至对待"地球村"所应负责的自觉的态度，包括要遵守与之相关的规范和制度，承担相应的责任，履行相应的义务。而这种态度，不是靠外部力量强加于我们身上的，应该是由内而外、发自于我们的内心，是一种自觉自愿的行为。

成为一名管理者之后，你肩上的责任加重了，相应地责任心也应随之提升。公司给你提供了一个平台，无论如何，你都应该不辜负公司的期望，管好自己，胜任工作。公司对员工应负有的责任，那是公司层面需要去做的事，中层管理者有建议的权利，但无法左右。所以，还是从管理者——你的角度，来看一下对公司应该负有哪些责任。

有家企业开会，总经理向员工们提出了几个问题：

第一个问题：公司目前存在哪些问题？

话音刚落，有几十个手同时举了起来。

第二个问题：造成这些问题的原因是什么？

举手的员工减少了一半。

第三个问题：能说说问题的解决方案吗？

结果，举手的人数减到了十几个。

第四个问题：谁想试一试动手解决问题？

最后，只剩下了几个人……

上面这一幕，是企业经营中存在的比较普遍的现象。面对企业存在的问题，献计献策的员工并不多，而能够担当的员工则是少之又少。发现问题，查找原因，定对策方案等，这些固然都很重要，但作为管理者，如果你不能担当，就不可能得到更大的平台，而你的能力也就不能很好地发挥出来。

对公司，你至少要尽到以下几个方面的责任：

1. 履行自己的工作职责

无论你在哪家企业某职，是该企业给你提供了职业发展的平台，你都应该带着感恩的心认真做事，并且完成本职工作，这是最基本的要求，也是必须做到的。如果工作职责都完成不好，在企业看来你就是不称职，能力也就无法得到认可了。当然不排除这样的情况，也许你的能力和岗位不太匹配。这时，你要考虑和判断清楚，是要接受新职位的挑战，还是选择更适合自己的岗位。在多数企业里，并不是你想去哪个部门都能如愿的，你决定继续留在这家企业，就要踏踏实实完成好该企业赋予的工作，不管在哪家企业干，都该如此！

2. 有主人意识，并引导和影响下属

去年家里装修有些修补的事找了两名工人，两个人反差比较大，其中一位师傅话不多，但活干得踏实，做得很认真，只要跟他交代清楚要求，他基本可以做到位，有不清楚的地方还会主动询问；另一位则相反，活干得不怎么样，能糊弄就糊弄，没有一点责任意识，嘴巴还不停抱怨……他们的辛苦可以理解，但后者这种工作态度，肯定不会再次雇用。

借此机会，各位读者可以反省一下自己，从跨入职场参加工作至今，你对待工作的态度是怎样的呢？你是把每项工作都像做自己的事儿那样认真去做了吗？工作中所谓的主人意识，简单地讲，就是把工作当作自己的事，不敷衍、不应付，不管有人监督与否，都认真地去完成。而管理者，不但自己要做到，还要引导和影响你的下属，以及其他的同事。

3. 辅佐上司的工作

辅佐上司共同完成工作目标，是职场员工必须履行的工作职责。辅佐上司要做到尊重上司；明确上司的工作要求和期望；提出有价值的建议和问题解决方案；有效完成上级布置的工作任务；带领下属完成好本职工作等，难为、顶撞、不尊重，甚至拆台、挖上司墙角的做法，都是不可取的行为，也是职场员工的禁忌。与上司意见不一，可以通过正常途径进行沟通与交流，切不可背后议

论、评价和指责。如果你的意见被接纳了，那当然好，如果没有被接纳也是正常的，作为下属，要摆正态度、摆正自己的位置。

有家企业经营不景气，公司总部要求各部门裁员，企划部门经理下面有6名员工，第一轮裁掉了3名，对于剩下的3名（小陈，小夏，小林），公司要求再裁减1名。经过认真思考，企划部经理做出了最后的决定，留下了小陈和小林。在培训时，这位经理分享了自己的决定：小陈是所有下属中表现最好的一个，不但工作出色，对上司的要求把握很快，配合到位，就是留一个下属，肯定也是非他莫属。至于小夏和小林，单从业务水平上比较，小夏比小林确实要好一些，但从工作的态度、同事间的配合度、对上司的协作和支持等方面比较，小林做得比小夏要好。最终，虽然小林的业务能力欠缺一点，但还是被上司留了下来，同时，这位经理在业务上加大了对小林的指导和培养，她进步很快。

辅佐上司的工作是每个职场员工的职责。

4. 培养下属，提升团队能力，达成部门目标

在下属面前，你扮演很多不同的角色，领导者、管理者、支持者、监督者、业务专家、教练等等，通过提高团队的能力去达成部门目标。完不成目标，就会成为公司的短板。

你是管理者，你不但有责任按着公司的要求积极实践和落实，而且还要向团队和下属传播企业的文化。

一个有责任心的管理者，一定能做到自觉地承担自己行为的后果。责任心是职业化的底线，是一个人十分重要的素质，是做一名优秀管理者的必备条件。

👉思考　1. 责任心是什么？在日常生活和工作中如何去做？

　　　　2. 管理者要对公司和团队承担怎样的责任？

第14封信　注重个人行为规范的训练

不久前跟重庆格诺威咨询公司合作，给一家企业的管理干部和办公室人员进行了两期"商务与职场基本礼仪"的培训，该公司的领导十分注重员工在这方面的训练，老总认为要提高员工的整体素质，必须从最基本的行为规范抓起，员工们连基本的规则都没有做到，素质就无从谈起了，我很认同这位老总的想法。

说到礼仪，有人说这是职业化提升内容中最容易理解的部分，因为它并没有高深的、难以理解的定理或结论，不知道你是怎样理解的。如果让我来给礼仪简单下个定义的话，礼仪是在公众场合和社会交往活动中体面而又适当的行为规范与准则，它与法律的不同点在于法律是硬性的，不遵守就会受到相应的处罚，而礼仪是软性的，即便不遵守，也不会像硬性的法律那样受到惩处，这也许是原因之一，不少员工忽略了这方面的学习和训练，我行我素，也没有意识到它的重要性，在这里强调管理人员要注重礼仪规范的学习，注重个人行为规范的训练，是因为礼仪是我们在职场和商务场合与人交往和处世的通行证，是我们行动的准则和标准。

有关礼仪的重要性，古代著名的思想家荀子早有精辟的论述：

人无礼则不立；事无礼则不成； 国无礼则不宁。

我们把礼仪对不同对象的重要性从高到低排序，首先，对于一个国家和民族而言，礼仪是一个国家社会风气的现实反映，是民族精神文明和进步的重要标志；对社会而言，礼仪可以改善人们的道德观念，净化社会风气，提高社会文化素质。举个现实的例子，为了防止车辆乱开、行人乱穿公路的现象，我国许多的公路中央，几乎都有交通管制的隔离栏杆，即使这样，效果依然不尽人意，很多人还是我行我素。如果大家都能遵守社会规范和公德，就可以避免这些钢铁资源的浪费。对于企业而言，员工遵守礼仪，可以树立良好的企业形象，员工相互间可以信任和尊重，并且能营造良好的人际氛围；

人无礼则不立；

事无礼则不成；

国无礼则不宁。

对于个人来说，注重礼仪规范的学习，可以带来四个"自"—— 自尊、自重、自信和自爱，做好了，它还可以成为我们自身的竞争优势。事实上，人们看不见的内在往往是通过其外在的言行举止表现出来的，一个人再有内涵，如果不懂得或不遵守与人交往的行为准则和标准，也不可能成为受欢迎的人。

上面说了很多关于礼仪的重要性，目的只有一个，就是希望能引起你的重视，加强在这方面的学习。提升个人的职业素质，是不可能一蹴而就的，这需要从多方面不断学习和努力，既体面而又得体的礼仪礼节是管好自己的重要组成部分。

思考 在日常工作中，管理者需要从哪些方面提升个人的职业化素质？

第 15 封信 培养良好的职业习惯

这封信想从一则小故事说起。

一位农夫老来得子，对小儿子恩爱有加，不管去哪儿都要带上孩子。农夫家离市区较远，每到周末的时候，都要用牛车拉着自家种的农产品去赶集，山路有些崎岖，有一处要拐一个很大的弯儿，但路上没有反光镜，无法看到对面的路况。每到这个路口，机灵的小儿子总是大声地提醒老爹："爹，拐弯了！"日复一日，小儿子渐渐地长大了，有一天又逢赶集的日子，但这回不巧，农夫生病无法跟儿子一同前往。这时，聪明懂事的小儿子主动要求父亲能让自己一人去集市。农夫想了想，一方面虽然有些不放心，但另一方面，为了锻炼儿子，还是满足了小儿的要求。

孩子平生第一次自己赶着牛车独自上路了。走着走着，他们就走到了那个大大的拐弯路口，而这时，老牛却缓缓停住了脚步，无论如何都不肯挪动步子，孩子看看前后，除了自己和牛车没有人影，他只好下车又是牵牛又是推车，可老牛坚如磐石，纹丝不动。

孩子急中生机，想起了和父亲同行的场景，于是，他趴在牛的耳边大声喊道："爹，拐弯了！"这一喊，老牛似乎心领神会，哞的一声，继续上路了。

看完这个小故事，不知道你得到了怎样的启发。

老牛靠这样的惯性活着，我们高智商的人呢?

在自我管理中，良好习惯的培养是十分重要的，因为习惯决定了我们的行为。我们发现，好习惯直接影响到我们自身的工作、生活、学习乃至一切，甚至影响我们的一生。作为管理者，不论是从自我提升和个人发展的角度，还是为下属做出表率的角度，你都要做好自我管理，并且养成这样的习惯。一个自我管理能力强的人，在诸多方面都会用高标准来要求自己。

人这一辈子，要养成的习惯有很多很多，下面要强调的几个好习惯，可以说是自我管理的一个综合体现，如果你已经做到了，那先恭喜你了；如果有些地方做得不够，那就要改进和加强了。

第一个习惯：尊重他人

尊重他人是一个人的基本教养。在人际交往中有两个法则，分别叫黄金法则和白金法则。黄金法则是指你希望别人怎样对待你，你就怎样对待别人。能做到这一点的人，他们会将心比心，懂得换位思考，已经很不错了。如果能再上一层，从对方的角度出发，别人希望你怎么对待他，你就怎样对待他，这样的人更加了不起。

上面的两个法则，给了我们很好的提醒。只有尊重别人，才能得到人家的尊重，正所谓我敬人一寸，人敬我一丈。

第二个习惯：主动积极

一个人选择主动积极的权利完全掌控在自己的手里，别人是无法剥夺的，工作、学习、生活乃至一切，与其被动地让人牵着鼻子走，不如选择积极主动，并投身其中，把该做的事做好。对于客观环境和外在的东西，很多时候是我们无法左右的，但我们可以选择积极的方式去应对，比如，阴云密布的天气是我们无法左右的，但可以选择好的心情；别人的行为是我们不能控制的，但可以控制自己的情绪；父母给我们什么样的容貌，是我们没有选择权的，但可以展现亲切的笑容。选择积极主动的态度，就是选择了阳光和快乐。

第三个习惯：善于思考

人与人之间的不同，思维方式是重要的差异。在做事时，你的脑海里一定要有这样的概念：为什么做？做什么？什么时间做？在哪里做？安排谁来做？怎么做？需要多少资源？同时，做事要搞清楚流程和标准，在你权限允许的范围内，应该认真梳理，并让每个下属都清楚。

第四个习惯：做事尽心

这个习惯换句话说，就是在前面第13封信中已经交流过的有关责任心的问题。一个有责任心的员工，做任何事情，都会尽心尽责，并且脚踏实地。如果把人生比喻成一项工程的话，我们自己就是这个工程的主人，把该做的事都尽心做好，利己利人。

第五个习惯：计划时间

对于每一个人来说，时间就是生命，任何人都是这个世界的过客，在日复一日、年复一年中，怎样订立适合自己的目标，并拟定行动计划去实施，决定了人与人之间不同的人生轨迹。

第六个习惯：不找借口

一个不会反省的人，是不可能获得长足进步的。作为管理者，团队无论出现什么问题，都不许怨天尤人，一切原因应从自己身上找！

第七个习惯：善于学习

我们身处终身学习时代，即幸运又背负着压力，在这种竞争白热化的环境中，唯有不断学习，才能保持自己的优势和竞争力，才能跟上发展的步伐。

第八个习惯：保持运动

如果你的体重过胖，看到下面的这段文字，请不要生气。身体过胖，是自我管理不良的表现，这样的人要么管不住自己的嘴，要么不愿意运动，另一方面也是缺乏意志和恒心的表现。若能养成定量饮食和运动的习惯，体重恢复正常是指日可待的。当然，这里说的是正常体质的人，有疾病者不在此列。

以上提到的这些习惯，在今后的工作和生活中，应进一步加强和提升。

思考 做好自我管理，需要养成哪些习惯？

第16封信　建立积极正向的心智模式

管理者要做好自我管理，务必要建立积极正向的心智模式。

心智模式简单地说，是指导人们思考和行为的方式，是一种思维定式，一个人的思维定式，决定了他认识事物的方法和习惯。有人说人与人之间的差异就在于思维方式的不同，虽然这并不是人与人之间差异的全部，但一个人的思维方式的确极其重要。同样一件事，不同的人对它的理解会有很大的差异。举个例子来说，大家同时看到了一个水杯，不同的人思考点是不一样的：

第一种人，他们的第一反应就是"这是一个水杯"。也许这是多数人的想法，看到什么就是什么。

第二种人，他们开始思考"这是谁的水杯"。

第三种人，他们的思考又多了一个维度，"这个水杯为什么放在这里"。

第四种人，他们思考的起点更上一个台阶，"这个水杯值多少钱"。

如果是你看到了水杯，你的第一反应会是哪一种呢？

员工的层次和思维的高度不同，思考的问题和角度就会不同。上面例子中的四种情况，非要对号入座的话，第一种是基层员工的思维，第二种是主管的思维，第三种是中层的思维，第四种是老板的思维。

　　美国著名的心理学家埃利斯，创立了一个十分重要的理论，叫ABC情绪理论。他认为，当一件事情发生的时候，引起人们情绪困扰的因素并不是所发生的这个事件，而是人们对这一事件的态度、看法和评价等认知的内容，换句话说，事情本身并不影响人，人们受到的是对事件看法的影响，也就是受到对该事件认知的影响。埃利斯认为外部事件为A，人们的认知为B，情绪和行为反应为C，所以，这一理论也简称ABC理论。

　　埃利斯的ABC理论给了我们很好的指导。一个拥有积极正向心智模式的人，不管发生什么事，都会积极寻求解决问题的方法；而习惯用消极心智模式的人，多半把宝贵的时间浪费在抱怨、牢骚和指责上，不能向正向积极的方向去努力。

　　脸书的创始人扎克伯格处罚员工的方式可以说是独具匠心，也反映了他积极的思维模式。开始，他对迟到的员工也是采用最传统的罚款方式，但他发现这样的结果不但不能带来积极的效果，反而因为影响了员工的情绪而对工作产生消极的影响。于是他想到了一个办法，在公司专门腾出一个房间，里面购置了很多运动器械，如果哪个员工迟到了，下班后就得晚走一会儿，去完成公司指定的体育项目，用监控设施进行管理。其他管理人员并不赞同，认为这样做会惯坏员工，唯有扎克伯格不这么想，他觉得员工锻炼身体，体质增强了，睡懒觉的习惯也就会减少。睡懒觉的习惯减少了，迟到的现象就会减少。这是多么有领导魅力的领导者，可以说扎克伯格是在处理问题时积极朝着正确的方向努力的典范，而只有建立积极正向的心智模式的人，才能做到这一点。

当你的下属犯错误的时候，一味地抱怨、指责和埋怨，只能带来更糟糕的结果，自己的情绪也会受到这种负面情绪的影响，结果是两败俱伤。遇到问题更可取的思维模式是如何解决，而不是停留在抱怨中。

不知从何时起，"正能量"一词悄然传播开来，所谓正能量，就是传递积极、向上、正向、光明的思想、理念和言语，就像阳光一样，给人带来温暖，并用自己的行为影响他人，拒绝抱怨、牢骚、消极、灰暗等负面思维。

☞ 思考 反省自己的心智模式，怎样改善不足？

第 17 封信　正确理解领导力

这封信咱们来聊聊领导力的含义到底是什么。

近些年，领导力一词非常火爆，有关领导力的培训和书籍也随处可见，但对领导力的理解有不少的误区。很多人觉得领导力是企业高层和领导们的事，那些高大上的领导力培训，其对象非高管莫属，而把高层以外的其他员工全部排除在外，这是因为对领导力一词的理解出现了偏差。我们应该怎样正确理解这个词呢？

首先我们先来了解一下领导、领导者、领导力这三个词，以及它们的区别，这样就不难发现上面所说的误区在哪里了。

先看一下领导一词的含义。在日常工作中，员工们常把公司的经营层称作领导，这时的"领导"是名词，省去了一个者字，而"领导"一词本身是动词，是引领和影响个人和组织，在一定条件下实现某种目标的行动过程。"领导者"是指致力于实现目标这一过程的人。而"领导力"则是指激发团队成员的热情与想象力，并让他们与你一道全力以赴去完成目标的能力，其本质就是对他人产生的影响力，这种影响力越大，感召力就越大。

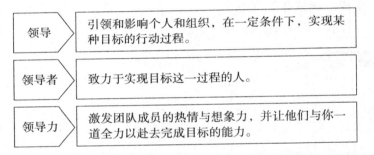

领导	引领和影响个人和组织，在一定条件下，实现某种目标的行动过程。
领导者	致力于实现目标这一过程的人。
领导力	激发团队成员的热情与想象力，并让他们与你一道全力以赴去完成目标的能力。

从影响力这个角度，每个员工都需要进行有关领导力的学习，它不再是一些人所认知的那样，领导力只是高层需要学习的内容。对他人产生影响的前提条件是首先要对自己产生积极的影响，然后才能用正能量去影响周边的人，一个消极负面的人，绝不可能给人带来阳光和正能量。

从影响的对象来看，我们可以把一个人的领导力分为两个方面：

一个是对自身的影响力（Self Leadership），通常把它称为自我领导力；另一个是对他人的影响力（Leadership for Others），指的是领导团队和他人的能力。要做到自己对自己产生积极的影响，必须建立在前面的信中已经说过的积极正向的心智模式。

从影响的角度来看，可以说21世纪人人都是领导，而且首先是自己的领导。

思考 怎样理解领导力？对其内涵和外延，请进一步归纳和梳理一下。

第18封信　怎样提升自我领导力

领导力是由内而外的一种变化，是通过自己不同的魅力和信赖感，让他人自觉地信任并追随你。在这里，我们先来比较一下两个权利——职务权力和个人权力的区别：

职务权力	个人权力
由一定的正式程序赋予某一职位的权力（如：强制权、法定权、奖惩权等）	职务权力以外的其他方面（如：人格魅力、业务能力、率先垂范等）

个人权力跟职位没有关系，是通过平时的修炼和学习所积累的，包括上面说到的人品、业务能力等，这些永远是属于自己的，别人无法剥夺，而职务权力则不然，不在管理岗位上就失去了这个权利。

对你而言，你现在的职位发生了变化，职务权力和个人权力两个方面都会对员工产生影响。要提升自我领导力，首先要养成正向思考的习惯，包括前面的信里交流过的内容，其实都可以归结到这个问题上。同时，为了发挥自己的领导力，你要努力提升至少三个方面的能力。

第一个能力：设定目标行动

生活充实的人，一定有自己大大小小的目标，在实现一个个目标的过程中，享受快乐，并获得充实感和成就感。

如果把我们的生命比作一列火车的话，这是一列特殊的火车，它特殊在只有去程而无法返回，一去不复返。在这趟不归的生命列车上，相信你一定也想过类似的问题：我是谁？我在哪里？我要去向何方？

圆规为什么可以画圆？那是因为心定住了，而脚在动，即坚持行动。有的人有梦想，为什么不能圆？那是因为心是不定的，而脚又不肯动，即没有行动。所谓的成功者与失败者，他们之间只有一步之遥，那就是成功者找方法，失败者找借口。

想让自己借助公司提供的平台获得更好的发展，就必须懂得把自己的目标与团队和公司的目标结合在一起，并通过行动去实现目标。

戴尔·卡内基有段精彩的描述："在这个世界上，人人都有唯一的一次机会去品尝人生这场精彩的探险。何不精心安排，全心全意地活得充实，活得快乐？"

第二个能力：解决问题

在谈到管理者的职责与作用时，我们曾说过解决问题是管理者的重要职责。

什么是问题？从广义的角度来讲，所有的一切都是问题，而我们平常所说的问题是指狭义的定义，也就是偏差。偏差是指理想和标准的状态与现状和现实之间的差异。出现偏差也就意味着出现了问题，一旦出现了问题，管理者应该如何解决？我们知道，管理的重点不是事发后的处理，而是事前的防范。

在日常管理中，为了发现问题和有效解决问题，你要培养自己预见问题的能力，具体的做法可以参考以下几点：

（1）全面把握工作情况，掌握必要的信息；（2）善于进行阶段性工作总结；（3）加强沟通与交流；（4）进行走动式管理；（5）梳理并熟悉流程和标准；（6）增强危机意识；（7）加强学习，提高学习能力。

第三个能力：团队领导

管理者的最终目的是带领下属完成团队的工作任务和目标，因此，团队领导的能力非常重要。从发挥领导力的角度，至少要做到这样的三点：

（1）给自己和下属赋予工作动机

首先经常问问自己，我明白自己工作的重要性吗？我明确做事的目标，并准确地执行吗？我清楚工作的价值，并带着热情去做吗？然后还要了解下属，他们明白自己工作的重要性吗？他们明确做事的目标，并准确地执行吗？他们清楚工作的价值，并带着热情去做吗?

有一个故事,讲的是有三个人同时在一个工地砌砖,第一个人,别人问他做什么时,他不耐烦地回答:砌砖!第二个人,别人问他做什么时,他比较平和地回答:盖房子!第三个人,当别人问他同样的问题时,他愉快地回答:建造一座美丽的新城!若干年后,三个人的生命轨迹截然不同,第一个人还在砌砖;第二个人做了项目经理,而第三个人做了老板。这就是赋予工作动机的结果,无形的工作动机会赋予我们内在的力量。

(2)让自己和下属都要明确阶段性的任务和目标

要不断自问,我的任务是什么?我有没有阶段性的目标?我清楚自己应该做的事吗?我应该如何发挥自己的作用?同样,也要观察一下你的下属,对这些问题他们是否清晰明了,如果不清楚,就要及时给予帮助和指导。

把一个大目标进行分解,划分成若干个小目标,是实现目标比较重要的手段和方法。有时目标大了,有一种可望不可即的感觉,分解目标,则能减少我们的畏惧心理,竭尽全力去完成一个一个的子目标。日本一位曾经的马拉松选手山田本一,就是靠目标分解的方法,几次获得了不同比赛的冠军,他每次参加比赛之前,总是把全赛程划分成几个阶段,第一个小目标跑完,就冲向第二个目标,以此类推。工作目标也需要用到这样的方法。

(3)养成善于鼓励和称赞的习惯

作为一名好的团队领导,鼓励和称赞团队成员是必不可少的。你要经常自我反省:我善于称赞团队成员吗?我经常自我鼓励吗?

我会鼓励他人吗？我养成称赞和鼓励的良好习惯了吗？其实，这个
世界不缺少美，缺少的是善于发现美的目光。你不但要养成这样的
习惯，还要付诸行动。

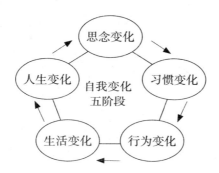

思考 1.怎样提高自我领导力？

2.怎样发挥自我领导力？

中层管理者的 88 封信

第三章

激励下属提升业绩

LETTERS

本章导读

正确的管理方法和适合的激励方式，对提升下属的业绩会带来很好的帮助。在寻找和学习适合的管理方法的同时，管理者要不断进行总结和提炼，经常思考以下五个问题：

1. 你的下属愿意和你一起工作吗？

2. 你的下属和你一起工作，他们快乐吗？

3. 你的下属和你一起工作，他们能得到成长吗？

4. 你能为你下属的成长提供支持和帮助吗？

5. 你的下属从你身上有值得学习的东西吗？

本章围绕激励、业绩、面谈等关键词，提出了供管理者参考的具体方法。

第 19 封信　"管"人的艺术

在上封信里，我们交流过就某项工作能力的不同，怎样对下属进行因材施教。那是从教和导的层面对下属进行的划分。如果是从"管"的角度，不是针对某个项目或某一项工作，而具体的对象是人，你该怎么"管"呢？这就需要你讲究"管"的艺术和策略了。

之所以给"管"字带上了引号，是因为管字在这里超越了它自身的含义，不仅仅有管控、管束和管制的意思，还包含了与下属有关的其他方面。在对待人时，更要注意方式方法，包括语言和肢体语言等。

我在三星上班时经历过这样一件事。当时我们部门工作任务很重，多数员工出差在外，在人少任务重的情况下，上司又委派了一项新任务，让我们部门协助筹备大中国区法人长会议。无论如何这是不能推辞的，可眼下人力确实很紧张，怎么办？我的上司苦思冥想，最终想到了借调人力。那时有一批韩国派来的员工在北京实习（三星称他们为地域专家，简单地说就是派往其他国家之前，先让他们了解和体验这个国家的文化，之后再派他们到该国工作）。吃过午饭，借调行动开始了。我那位韩国上司手里拿着地域专家的名单，选了其中几个人依次拨通了电话："喂，你好！是金课长吗？我是中国总部培训部的李XX部长。总部在下个月X日-X日举办中国地区法人长会议，考虑到你中文水平高，学习能力也很好，现在邀请你参加本次会议的筹备小组……"我听不到对方的声音，但看到上司满脸笑容，最后上司说道："好，那就这么定了，后天（周三）下午2点钟请带上手提电脑到总部1号会议室报道。再见！"

放下电话，上司笑眯眯地看着我，言外之意是搞定一位了。接着他拨通了第二位员工的电话，除了对方的称呼变成崔课长外，其他内容如出一辙。就这样接二连三地重复了几遍，一个小时就把人组织好了。

借用的五位员工，他们干得很开心、很认真，超出了我们的期待。在他们的帮助下，那场高管会议举办得非常成功。我们不妨分析一下，为什么他们自己的时间被人家占用了，还心甘情愿，愿意为人家做事？归纳起来，有三点：

第一，是说话的方式

有这样一句话："良言一句三冬暖，恶言一句六月寒。"说的正是讲话的艺术。当时，我的上司说话的态度非常诚恳，能让对方感受到他的诚意，他不是用命令的口气，而是跟人家商量，而商量中又蕴涵着说服的力量。

第二，让对方感受到了他自己的重要性

这是非常重要的一点。除了用诚恳的语言表达出对对方的关切外，清楚说明了选择对方的理由是因为有能力、中文好。这样的表达方式，一方面让对方觉得自己受到了肯定，自信心得到了提升，另一方面感受到了自身的重要性，认为自己是有价值的、被人所需的。而这一点恰恰是管理的高境界：你如何能让你的下属觉得他自己重要，有价值。

第三，感受到了做这件事对自己的意义

在他们的谈话中，我的上司明确说明了这项工作对他们的意义，一是可以扩展人脉圈，为今后来中国工作打下基础；二是可以学到新的东西。这样的做法，是为他们参与会议的准备工作赋予了动机。

从这个例子中，你得到了怎样的启发呢？

思考 怎样理解管人的艺术？

第 20 封信　管理者需要思考的五个问题

这封信想跟你聊聊中层管理者需要回答的五个问题。这五个问题也是我在培训时经常提给管理者的思考题目。作为新任的中层管理者，你要搞清楚的问题有很多，如果从"你是不是你的下属喜欢的上司"这个角度去思考，你会提炼出哪几个问题呢？

前面我们已经说过，在职场有一样是无法选择的，那就是顶头上司。一个员工如果能够遇到一位既有人品又有能力的好上司，这对员工而言，不能不说是件非常幸运的事情。所以，你要认真思考：我，怎样才能成为让下属喜欢的上司，怎样才能让下属感到能够与你共事是他们的幸运。人生匆匆，与我们擦肩而过的人有许许多多，但能成为同事、成为朋友的人可以说少之又少。在珍惜这种缘分的同时，你怎么做才能体现出自己更大的价值呢？

现在，想把我在培训中经常问管理者的五个问题也抛给你。在管理岗位上，虽然你是新手，但这些问题都是需要你去思考的，并且要为之努力。这五个问题是：

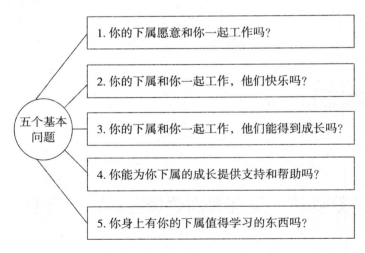

有一位朋友在学习心得中这样写道："担任管理工作快三年了，坦白地说，一直没有考虑过这样的问题。也许这些问题的答案不在我们这里，也不是由管理者说了算，但作为一个中层管理者，这

是我今后要努力的方向，只有这样，才能更好地体现我的价值。"

现在，我们逐一分析：

第一个问题：你的下属愿意和你一起工作吗？

你的下属愿意跟什么样的上司一起工作呢？这个问题，只要你换位思考就应该能够得到答案。在我三十年的职业生涯中，曾经有六人担任过我的上司。其中有一位是我职业生涯中特别要感激、感恩和感谢的人，那就是我在三星工作时的一位上司。虽然他的工作要求比较高，但并不会难为你，发现问题时，总是耐心细致地进行分析，就事论事是他一大特点。记得有一次印制新员工培训资料，当时培训部门成立时间不长，很多工作还没有就绪，我们经常加班做些培训准备，眼看那批新员工教材就要完工了，却发现有两张页码倒了个顺序，我和另外两名同事觉得问题不大，这不影响学习，加上时间也不早了，第二天一早就要送到教室，所以觉得不返工也没有大碍。当我们把这个问题汇报给上司的时候，他首先是感谢我们的付出和努力，然后非常认真地说道：教材页码顺序有误的确不是大事，但这样的失误会给新员工带来不好的影响。从新员工入门培训开始，我们就要帮助他们养成做事严谨认真的好习惯。他说话的语气很平和，但在我听来却铿锵有力。这件事让我谨记教训：做事一定要细致、认真。

另一方面，也许这是他天生的优势，即性格因素。他为人忠厚真诚，下属遇到任何问题，都会竭尽全力给予关心和帮助，对下属可以做到一视同仁。在业务上，他毫无保留，手把手地进行训练和指导，给下属提供历练的机会。与他共事的那几年，也是我业务能力提升最快的一段时光。每每回想起来，我都觉得自己很幸运，因为我曾遇到过一位品格和能力双全的好上司。

第二个问题，你的下属和你一起工作，他们快乐吗？

当年我的那些同事们，虽然我们的工作任务非常艰巨，但大家都觉得工作很开心，这是源于我们有一个好的团队领导，有一个融洽的工作氛围。在工作中，大家积极配合，是业务伙伴；在生活中，大家相互帮助，是互助的朋友。可以试想一下，员工每天的黄金时间几乎都是在职场渡过的，如果团队气氛不佳，哪里还能激发下属的工作乐趣，快乐也就无从谈起了。

第三个问题：你的下属和你一起工作，他们能得到成长吗？

一个有思想的员工，会比较看重个人的成长。某年11月，我去参加了几场校园招聘会，是受我担任顾问的企业之邀一同去的。当时，印象比较深刻的是宣讲结束后与一些学生的交流。如果你是应聘者，找工作你最看重什么，收入？行业？工作地点？企业发展的前景？学习成长的机会？……同样的问题，因为大家的关注点不同，差异也就比较大。其中有两名学生的回答让我刮目相看，他们首选的企业是能否提供可持续学习和成长的平台。

如果下属在工作中得不到学习和成长，日复一日，这对他们而言是在浪费生命，而对于企业来说也是一种损失，因为员工的能力得不到提升，就会制约企业的发展。当然，有些员工喜欢安逸，不需要太多的挑战性工作，但如果你能够通过适当的外力，诱发和调动他内在的动机，让他们通过完成有一定难度的工作而得到提升，获得成长，他们就会产生成就感，这样就可以形成一个良性循环。

第四个问题,你能为你下属的成长提供支持和帮助吗?

一个上司如果不能为其下属的成长提供支援和资源,不去关注下属的成长,这就不是一个称职的上司。管理者们常犯一个严重的错误,那就是意识不到培养和指导下属是管理者必须承担的责任,把培养下属、培训员工的重要工作往往推卸给培训部门或者人力资源部门,所以,也就不可能有相应的行动。

第五个问题,你身上有你的下属值得学习的东西吗?

什么样的上司值得下属学习?或者你觉得什么样的上司值得你学习?

这里有两个词是必备的,一个是能力,一个是人品。能力是什么?从心理学的角度讲,能力是顺利、有效地完成某种活动所必须具备的心理条件。如果我们不具备这个心理条件,就无法产生说服力,不能得到下属的认同,也就无法得到下属的信任。同样,即便能力出众,但人品欠缺,就无法产生领导力。一个好的上司,一定要懂得用自己的人品、能力和正能量去影响下属和周边的人。

☞ 思考 怎样成为让下属信赖和尊敬的上司?

第 21 封信　下属业绩不佳的原因

在这封信里,我们聊一聊下属业绩不佳的原因。

对于下属的工作表现和业绩，你不可能一直都满意。当员工业绩不太理想的时候，你要进行分析，看看有哪些原因或可能性。在这里我想强调的是如果下属业绩不佳，你身为管理者，一定要先从你自己身上去查找原因，而不是从公司的层面。因为公司层面的问题，比如企业的体制、相关的制度、机制等，都不是你中层管理者所能左右的，如果发现有关的问题，你可以向上反映，但态度一定要端正，即使不采纳也要摆正心态。

因此，我们先放下公司层面可能存在的问题，现在从管理者和员工自身的角度，来查找一下员工工作业绩不佳的原因会有哪些：

◇不知道自己应该做的事。

◇不知道怎么去做（方法不当）。

◇不太愿意做。

◇对工作缺乏兴趣。

◇工作经验不足。

◇工作技能和能力不足。

◇不能领会上司的意思。

◇工作目标不明确。

◇不清楚工作的标准。

◇缺乏上司的指导和沟通。

◇上司给予的支持和资源不够。

◇能力与工作岗位不匹配。

◇分工不合理。

◇未得到上司及时的肯定和认可。

◇激励措施不合理。

◇上司的监督和跟进不到位。

◇不知道遇到问题找谁寻求帮助。

◇目标太高，压力过大。

◇考核和评价不公平。

◇缺乏团队协作。

◇工作气氛不佳。

对上面列出的问题，可以认真地思考一下，看看哪一点跟管理者没有关系。通过分析你会发现，原来员工业绩不佳，顶头上司负有这么多的责任。

这个单元的学习结束，有位学员感慨地写道："这一单元的学习，对我触动最深的是对指导下属的重要性认识。原以为员工绩效不佳的主要原因在员工自身不努力、不投入或能力欠缺，与上司没有太大的关系，做得不好的员工就应加以考核处罚、处理淘汰或者换岗，所以没有投入太大的精力加以指导和帮扶。有时即使指导也不注意方法和流程，效果不佳。通过学习，我猛然意识到了一句话的含义，帮助别人就是帮助自己！狭义一点，帮助员工提高个人能力，就能更好地完成工作，而下属们的工作完成好了，部门业绩也才能更好，最终，我这个管理者的业绩也才能好。"这位朋友说得很实在。

总之，下属业绩不佳时，不能一味地指责和埋怨，要从多个方面查找原因。找到了原因才能对症下药。

☞ 思考 你的下属业绩不理想，你有哪些方面做得不够？怎样改进？

第 22 封信　与下属进行考核面谈的目的

在这封信里，我们聊一聊为什么要与下属进行考核面谈，或者说与下属进行考核面谈的目的在哪里。

对于有些工作，管理者是可以省略的，比如部门会议，如果通过不同的方式能解决，不一定非要开会，可开可不开的会就不要开。但有的工作是万万不能省的，比如考核面谈。对下属的业绩进行考核和评价，对管理者来说是一项非常重要的工作内容。

不同的企业对考评评价的规定有不同的要求，而同一个公司对不同部门的考评也有所不同。有的公司按月度考核，有的公司按季度考核，也有的公司半年考核一次。不管间隔多长时间进行考核和评价，你都要认真对待，如果这项工作做得不到位，对下属的评价不够客观或者不公正，就会挫伤员工的积极性。

在培训时，发现不少企业的管理者在这方面做得很不到位，跟员工交谈不多，或者干脆不谈，只是机械地按着评分要求打分，疏忽了员工心理上的感受。有位经理分享了他的例子：我手下有名员工性格比较内向，工作表现都还不错，因为工作比较忙，加上这方面意识欠缺，平时与下属交流不多。有一次自己给这位下属安排工作任务后就出差了，但三天后回来，发现下属压根儿没有动手，还提出了转岗的要求。当时我很生气，觉得上司安排的工作都没做好，还提出要调部门，岂有此理，这么不把上司看在眼里的下属转岗也罢。当时刚好下属也有转岗的机会，我就同意了他的要求……后来才得知，这名员工提出转岗是因为不满我对他上个季度的考评，而我自己也发现调走他是个错误。这件事给了我深刻的教训！

有效的考核面谈可以给你带来很多益处。

首先，通过面谈，可以让员工了解你的想法，让他知道你是对事不对人。

第二，你可以了解下属的想法。出现意见分歧，可以借机充分交流。

第三，可以把你的期望和要求传递给下属，让他知道你对他的关注。

第四，对下属存在的问题可以给予反馈，并提出改进的建议。

第五，借此机会，向下属阐明下一个阶段的工作目标，让下属更加明确自己的工作任务。

如果你手下人数比较多，对于业绩评价好的员工，你可以简单交流一下即可，但对于你所给出的评价不太理想、打分相对少的下属，无论如何，你都要抽出时间与他们进行考评面谈，这是于你于他都有益的工作。

👉 思考 考核面谈的意义在哪里？

第 23 封信　与下属进行考核面谈的方法

在前面的信里，我们交流过考核面谈的目的和意义，现在来谈一谈怎样进行考核面谈，或者说，考核面谈的步骤和方法是怎样的。以下步骤供你参考：

1. 提前做好准备工作

实施考核面谈，提前要准备的事项和内容较多，你要列出清单认真准备。

第一，你要根据公司的规定和评价的标准，提前对每一个下属做出评价。

第二，通知员工提前做好自我评价。

第三，安排好面谈的时间和场所。

第四，如果需要相应的资料，应提前准备好。

2. 说明面谈的目的

按提前安排的计划实施面谈，开门见山，告诉员工本次面谈的目的。

3. 让下属自我评价

让下属对自己的业绩进行评价，把自我评价的结果告诉给你。此时，你要做的就是认真倾听，哪怕员工的自我评价过高或不属实，也不能打断或表现得不耐烦。能够带着平和的心态去倾听，是你的修养。

4. 告之评价结果及其原因

听完下属的自我评价之后，把你对他的评价结果告诉给下属，并且要向下属明确说明你评价的依据和原因，让下属明白你是拿事实说话，不带有个人偏见。

5. 交流不同意见

如果你和下属的评价结果比较接近，那是较为理想的结果。但在实际工作中往往都有些差异，有的甚至差异较大，其结果通常都是下属自我评价分高。这时，要与下属耐心交流，一定要充分交换意见，让下属能够切实意识到自己的不足和差距。这步处理不妥当，员工就会产生情绪。

6. 提出改进建议和期望

通过上面的几个步骤，借此机会要对员工提出改进建议和你的期望，如果有需要，你还要帮助员工改善不足。

7. 提出下一阶段的工作目标

下属明确了自己的工作目标，才谈得上完成与否。在面谈结束之前，要抓住时机提示下一时间段的任务和目标，并加以鼓励。

思考 怎样进行考核面谈？

第 24 封信　激励的含义和本质

作为管理者，激励你的下属和团队成员，并带领他们完成工作目标，这是你责无旁贷的任务。在交流管理者激励下属的方法之前，这封信咱们先从激励的概念入手，了解一下激励到底包含哪些内容，激励的内涵是什么。

我曾给一家企业中高层做了两天"如何提升管理能力"的培训，课后，那期学员建立了微信圈，时不时彼此交流。有一次，他们交谈的内容是在日常工作中怎样激励下属。我看到大部分学员都积极参与，献计献策，用正向思维正面去思考这个问题，但其中有一个学员比较激进，他的观点是其他的激励方法和技巧都没用，我们没有权利给下属更多的金钱奖励，就根本不可能激励员工。

我没有批评和贬低这位学员之意，只是觉得我们对这个问题的认知不同。一味地认为只有物质奖励才能起到激励作用，那就疏忽了一个很重要的因素。人，除了有物质需求，还有精神方面的需求。

《现代汉语词典》对激励的解释用了两个词：激发和鼓励——管理者要懂得激发员工的工作动机，鼓励员工的工作干劲儿。心理学对激励进行了深入的研究，并形成了比较完整的理论体系，其中一个关联的重要概念叫动机。动机是激发人朝着一定的目标行动，并且维持这种行动的内部动力，是驱使人行动的直接力量，激励就是通过外部的诱因调动人的积极性和创意性，进而触动人的内在动机。而一个人的动机不是无条件就能产生的，它既取决于一个人内在的需要，也取决于外界因素的作用和刺激，如果外界的刺激符合人内在的需要，就会成为人们行为动机的诱因。所以，激励的本质就是根据员工的不同需求，提供不同的刺激和目标，诱发员工的行为动机，从而调动他们的积极性。这里的前提是作为管理者，你要了解你的下属，他们有什么样的内在需求。

美国著名的社会心理学家马斯洛，把人们形形色色的需求归纳为五大层次，由低到高，即生存的需要、安全的需要、社会归属的需要、尊重的需要和自我实现的需要。按照社会心理学的理论，人是高级的社会性动物，离开社会，任何人都无法孤零零的生存。所以，人们在积极融入社会的同时，也希望他人能接纳自己、包容自己、肯定自己，管理人员公开表扬下属，就是对下属给予肯定的一种方式，也是激励的手段之一；而避人批评下属，是给他们面子，是维护下属的自尊。所以，你既要了解下属的需求，又要掌握适当的方法。

需要强调的是：人是千差万别又不断变化的，对张三适用的管理方式对李四不一定有效，因为人的差异性，所以，就不能照搬理论和模仿别人，对下属的管理忌的是"一刀切"和"一勺烩"，要根据实际情况，有区别地对待不同的员工。

有位管理者曾分享过她自己的经历：有个下属工作毛毛躁躁，做事时常令上司不太满意，所以常遭到管理者的批评，而下属也觉得委屈，认为自己已经尽力了，但上司就是不满意，弄得彼此都不大开心。管理者反思自己的做法，决心改变一下批评大于表扬的做法，有一次看到这位员工提交的报告有进步，管理者给了她一个真诚的拥抱。后来因个人原因，这名员工离开了公司，走之前她给曾经的上司发来了表示感谢的微信，其中有一句这样写道："您的拥抱是我得到的最大的激励！"这是正面的例子。

另有一家企业，因为管理者的管理方式简单粗暴，甚至对下属出言不逊，员工愤怒之余，把上司告上了法庭，官司打得沸沸扬扬。

由此看来，对员工的激励，物质方面的奖励并不是唯一的，员工还有心灵和精神方面的需求，适当的精神奖励，同样会起到很好的效果，而对有些员工，后者更加重要。

思考 → 怎样理解激励的含义？

第 25 封信　激励下属的方法

上封信我们聊到，激励下属的前提是了解下属的需求，同时，对不同的下属要采取不同的激励方法。由于下属之间都有不同的差异，在这里不可能针对你的每个下属都能提出激励的方法，咱们先从激励的共性法宝入手，看一看有哪些激励的手段，有助于你对下属的管理。

第一个法宝是你要以身作则，给员工树立学习的榜样，这是你激励下属的基本前提。

看一家企业的管理者如何对待工作，就可以了解这家企业员工的工作态度，因为在任何一个组织里，管理者都是下属的一面镜子。要想让员工充满激情地去工作，管理者就先要做出一个样子来，给员工树立一个学习的榜样，做好自我管理。

第二个法宝是尊重下属，给下属面子。

有一个应届毕业的年轻员工，该公司的人力资源部门都很看好他，进公司后进步也很快，各方面表现都很优秀，但一年过后他就提交了辞呈，公司一再挽留也没能留住，后来得知原因是上司做的不当，这名员工认为自己得不到基本的尊重，对上司的管理方法，该部门其他员工也深有同感。

作为管理者，我们将心比心就可以知道尊重的意义，受人尊重是每个人的心理需要，它意味着被别人接纳、有尊严、受人重视。可以说，尊重是激励员工的法宝，是一种最基本、最人性、最有效的激励手段。

第三个法宝是授予工作的权利，适度放权。

工作授权，可以让下属有一种肩负重任的责任感和获得上司信任的成就感，对下属也是一种很好的培养方式，管理者也会有更多的时间做更重的事。正确授权的方法，将在第六章里具体交流。

除了授予工作的权利，你还有很多方面可以授予下属。有句话说得好："授之以鱼，不如授之以渔。"这里说的"授渔"，是教给下属做事的方法，而不是"授鱼"，替代下属做事。还有，可以"授能"，为下属能力的提升提供帮助；可以"授欲"，激发下属内在的动机和积极向上的欲望；可以"授娱"，要为下属营造开心愉悦的工作氛围；可以"授胆"，帮助下属增强自信，培养胆识；可以"授光"，给下属传递正能量，拥有阳光思维等等。

第四个法宝是提供学习成长的环境和机会。

培养下属是管理者的职责，对员工而言，如果能遇到好的上司，不但上司自身好学上进，同时给下属积极创造学习的环境，提供成长的机会，这无疑是十分幸运的。去企业培训时，有的员工坦言公司给的薪水在同行业并不高，之所以留下来，是因为跟上司能学到很多，无论在业务上，还是为人处世方面，觉得上司是自己学习的榜样。员工懂得一个道理，自己学习成长了，才有更好的发展。

第五个法宝是善于发现下属的闪光点，并及时称赞。

人无完人，每个人都有自己的长处和短板，管理者要善于发现下属的长处和闪光点，并及时给予称赞，因为称赞能赋予人一种积极向上的力量，能够激发下属的热情。一个高情商的上司，一定懂得如何表达，同样意思的话，从不同的人嘴里说出来，意思会完全不同。称赞下属并不是只说好听的，态度一定要诚恳。管理者的重要作用之一就是要能够发挥下属之长，补下属之短。

第六个法宝是搞好团队建设，让员工有归属感。

团队氛围的满分是5分的话，不知道你能给自己的团队打多少分。和谐融洽的团队氛围，对鼓舞和提升下属的工作士气会起到非常积极的推动作用，同时，可以让下属对团队有归属感，团队的凝聚力也会增强。在每天24小时中，抛开睡觉的时间，剩下的时间中至少有一多半是于同事们待在一起，因此，团队的工作氛围会直接影响下属的心情。

第七个法宝是对下属公平公正，不可偏心。

公平公正的评价下属，不仅能体现管理者的水平，也反映了一个管理者的原则性和胸怀，当员工得不到上司公正的评价时，对他们的积极性和工作热情会带来极大的打击。

世上没有绝对的公平，一碗水端平不容易，但作为管理者，不可偏心，不能冷落自认为不得力的下属。

第八个法宝是保持沟通的顺畅，让员工了解你的期望。

管理者与下属之间的所有问题，都是通过沟通来解决的，与下属保持良好的沟通，是建立良好的上下级关系的前提，也是激励员工热情的法宝。通过沟通，你可以了解下属的想法，同时让下属也了解一下你的期望和想法，彼此相互了解了，才能带来更好的合作。

第九个法宝是将心比心，信任下属。

"良言一句三冬暖，恶言一句六月寒"，表达的是一个人说话的艺术。在与下属交往时，你不但要在语言上注意表达的方式，也要表现在实际行动中。当给下属交办一项工作任务时，要给予充分的信任，鼓励下属增强自信，相信他有能力完成这项任务，如果出现了问题，全力以赴帮助和指导下属。信任是促进下属行动力的重要途径和法宝。

第十个法宝是对待下属要真情实意，为他们着想。

说得直白一点，管人就是管"心"，如果下属认为自己的上司值得信赖、敢做敢当、做事能为他们着想，那你就管住了他们的心。对待下属，方法固然重要，但人品修炼不到位，为人虚情假意，日久了见到真面目时，注定是得不到下属的尊重的，职场中不乏这样的例子。能让下属在感动中打拼，说明你在这方面做得很成功。

除了上面的这些方法之外，你可以根据实际情况进行总结和思考。比如，在部门内进行轮岗，可以给下属提供拓展业务能力的机会；根据下属不同的喜好，有针对性地给予奖励，可以让他们感受到情感关怀；开展技能比武和竞赛，可以激发参赛的积极性；根据下属的兴趣和特长安排工作，可以更好地发挥他们的能力等等。只要是想做，方法总比问题多。

看 思考 在日常工作中，怎样激励下属？请针对不同的下属，思考具体的方法。

第 27 封信　批评和表扬的方法

　　批评和表扬下属，这是管理者都会遇到的经历。怎样批评下属，才能让他们更容易接受呢？怎样表扬下属，才能更好地激励他们呢？这封信就来聊一聊这个话题。

　　先聊聊批评下属的方法。

　　在工作中，员工犯错误是难免的，除非有一类人，他们不求大功，但求无过。有个企业的培训主管曾跟我说，她们公司有个不太好的现象，员工们认为工作是：多干多出错，少干少麻烦，与其找麻烦，不如少干事。这种想法导致大家的工作积极性都不高，少干事就少出错，少出错就少挨批。

　　那么，员工犯了错，你要怎么批评呢？这里介绍一种方法供你参考，我们可以把这个方法称作批评的三部曲，或汉堡包法。

　　批评的第一步是要先肯定对方。

　　这一步是为后面的批评做铺垫，也是为了照顾员工的心理感受。如果上来就批评和指责，这会增加下属的抗拒心理。英国行为学家波特说过："当遭受许多批评时，下属往往只记住开头的那些批评，其余的就不听了，因为他们忙于思索论据来反驳开头的那些批评。"有人把这个称为波特定理。为了减少或避免这样的现象，第一步要开个好头。

批评的第二步是指出问题和错误。

这个部分要把出现的问题和错误进行归纳整理。下属错在什么地方？这样做的后果是什么？为什么要对他进行批评？同时，你也要自我反省：下属为什么出现了错误？是业务不熟悉还是疏忽大意？是没有及时指导还是未跟进反馈？总之，不能一味地指责下属，切忌发泄自己的不良情绪。

批评的第三步是以鼓励收尾。

尽管在第一步已经做过铺垫，但经过第二步的批评，员工心情可能会比较沉重，有的还会因为事情后果相对严重而产生心理负担。所以在批评结束之前，要做好收尾工作，鼓励员工吸取教训，加强学习，避免在以后的工作中犯同样的错误。

批评下属是不可避免的，但不要忘记批评的初衷，通过采取合适的方式让下属易于接受，并改正错误和问题，这才是目的。

批评三部曲

说到批评，那是怕伤到下属的自尊，所以需要注意方式和方法；而表扬，那是让下属脸上有光，这也需要注意方式方法吗？这是很多管理人员的疑问。不错，表扬有诸多好处：让下属感到愉悦，提高下属的自信心，下属会产生成就感，认为自己受到上司的重视，可以激发下属的积极性，等等。但这样的好方法，如果不注意情境和时机，不考虑人与人之间的差异，也会带来问题，有关这样的例子在第一封信里已经列举过了。现在，我们一起找一找表扬的方法和注意事项。

表扬要真诚

人都喜欢被别人称赞，喜欢听别人对自己说赞美的话，但并不是任何赞美的语言，都能让对方高兴。只有实事求是、发自内心的赞美，才能让对方愉快。而虚情假意地赞美别人，很容易被人识破，还会给人留下油嘴滑舌和虚伪的印象。有次去企业培训，主管副总是位女士，当时还没有到上课时间，教室里有十多位学员先签到了。这时一位女学员对副总发出了赞美："您今天穿的这身衣服真漂亮。"这句话听着没什么问题，我也抬头看了一下，衣服的颜色和款都不错，但后面一句话听着不是那么回事："您身材好，穿什么都好看。"坦率地说，这位副总身材并不好，偏胖。这位副总听了这话表情有些难为情："我……这身材还好啊……"其他几位女学员也面面相觑，用眼神相互传递着对"身材好"这句话的不认可。所以，在赞美和表扬他人时，一定要真诚，让对方能感受到你的诚意。

表扬要具体

在表扬下属时，要具体说出对方什么地方做得好，而不是说得很笼统、很空泛，说得具体才能让对方产生被欣赏、被肯定的感觉。比如，你给下属布置了一项工作，他完成得好，就要具体说出哪里好：这个项目在你的努力下，不但缩短了工期，而且是高质量完成的，客户很满意。如果说：这项目你做得真棒！也有一些激励的作用，但像前面那样具体表达，会让下属更有被领导认可的感觉。有次我参加一个企业高层研讨会，主管行政的副总安排他的一名下属帮忙做板书，会议结束时，副总当着领导们的面，给予了她很具体的表扬：小柳，你写的字很漂亮，板书工整，又有条理性，今天辛苦你了。这话让我们旁人听着也舒服，说的又实际又具体。

表扬要适度

有一次乘公交车，两个小伙子在我旁边聊天，其中一个时不时来一句"真棒"，像是口头禅。这是一句好话，可是用多了感觉意思就变了，降低了这话本身的分量。在工作中对下属的表扬也要适度，实事求是，不宜夸大，过分的夸奖会让人觉得华而不实，凡事都要把握一个度。有道是好话不说三遍，话说三遍淡如水，说的正是这个道理。

表扬要及时

表扬要及时，其实给管理者提出了一个要求，就是要求你善于发现下属的优点，善于发现他们做得好的地方，并第一时间给予鼓励和称赞。有的管理者很吝啬，不善于去表扬下属，还美其名曰不批评就是表扬，这样的上司不能将心比心，不懂得人内心的需求。善于发现下属的长处和优点，并及时表扬和鼓励，是激发他们工作热情的重要手段。

表扬要公开

表扬的基本目的一个是让当事者受到鼓励，尊重他的付出和成就，还有另一个层面的目的，就是希望其他的员工也向他学习。这个工具用得好，对你团队士气的提升会带来很好的帮助。受到别人的表扬、欣赏、接纳、肯定等，是人共性的心理需求，但由于个体差异很大，表扬也不能千篇一律，要择人、择机、择境、择时。

在上面说到的几点中，可以说真诚是最重要的。卡耐基对赞美和恭维的区别说得十分明确，他说："赞美和恭维有什么区别呢？很简单，一个是真诚的，一个是不真诚的；一个出自内心，另一个出自牙缝；一个是对对方的尊重和佩服，一个是与对方阿谀奉承。"

对员工的肯定，不一定只是用"好""棒""不错"之类的语言，有时，一个亲切的微笑、一个赞许的目光，一个夸奖的手势等，也能收到意想不到的效果，不能忽略肢体语言的力量。

在日常生活中，我们也要善于发现别人的长处，并给予真诚的赞美。

思考 批评和表扬下属需要注意什么？

第 27 封信　帮助下属改变不良习惯

不知你是否记得，在前面的信里，我们谈到过全责对等的原则。简单回顾的话，作为中层管理者，对上，你要对你所带领的团队的业绩负全责，换句话讲，你要向上提交好的业绩；对下，你要对下属进行监督和指导，这是职位赋予你的权利。在工作中，当你发现下属有不良习惯，或者同样的错误重复发生时，你就要帮助他纠正问题。这时，还是要通过面谈的方式了解情况，帮助下属完成PDCA 的循环过程。现在就来聊一聊通过什么样的交流方法能够达到更好的效果。

第一步，营造良好的谈话氛围。

记得在前面已经说过，下属对自己的上司或多或少都有一定的距离感，这种距离感与人肯定是有关系的，但更多的是来自职位上的差异，毕竟你们之间是上下级的关系。所以，谈话之前先要营造良好的氛围。

第二步，你要向下属清楚说出你所观察到的问题是什么。

比如你的下属工作不在状态，接二连三地出现差错，你已经提醒过他，但仍然没有改进，那就要找时间面对面坐下来交谈，明确说出你所看到的问题。这时，需要注意两点：一个是把说话重点放在确定的、已经观察到的行为上，也就是只谈这次的问题，不要翻旧账，把人家以前的问题都拿出来说；二是注意对事严格，对人宽厚，做到就事论事。

第三步，你要做的是向该下属说明引起你关注的原因。

在说明你所关注的原因时，需要注意的是要使用第二人称"你"，比如说：这种行为对你的影响有哪些，这样就更容易引起他的注意，因为这是对自己不利的行为。

第四步，要以开放的心态倾听对方的想法。

这一步是让他自己说说出现问题的原因是什么。在对方表达时注意认真倾听，即使觉得对方说的不合理也不要打断，等对方说完再进行确认。

第五步，针对这些问题，让下属自己提出解决的方法。

这样做的目的是把"要你做"变成"我要做"，做到变被动为主动。

第六步，提出你的建议。

听完下属自己提出的解决方法，如果觉得可以，就要给予肯定和支持；如果觉得不完善需要补充，就要与下属讨论，并提出自己的提议。

第七步，采取具体行动及订下跟进日期。

这也是管理者们往往做得不到位的地方。前面的程序做得没有问题，但最后如果不落实和跟进，就有可能前功尽弃，所以，一定要跟进到底。

思考 发现下属的问题时，怎样帮助下属加以改进？

第四章

怎样培养下属？

LETTERS

本章导读

在带领团队之前，管理者首先要确立这样的意识：培养和指导下属是"我"的职责！在建立这个意识的基础上，要学习培养下属的正确的方法。本章围绕培养下属的基本原则、培养下属的要点、不同下属的培养方法、不同内容的训练方式、在职培训的实施方法等，帮助管理者理清思路，并提供了很多具体可操作的方法。

第 28 封信　培养下属是管理者的责任

这封信想和你聊的话题是为什么说培养下属是管理者的责任。树立这个意识和观念，是你提升团队能力必备的前提条件。

杰克·韦尔奇在《赢》这本著作中写道："在你成为领导以前，成功只同自己的成长有关；当你成为领导以后，成功还同别人的成长有关。"韦尔奇的这两句话不知给了你怎样的启发。不难理解，后面一句话里说的别人正是下属。

有一次培训，课间和学员交流，有位资深的管理者很是感慨，他说自己以前没有意识到这一点，觉得培训员工就是人力资源部的事。他在学习心得中这样写道："原以为管理者的主要职责在于做好本部门的工作，完成本部门的目标，以及KPI（Key Performance Indicator ——关键绩效指标）的实施和达成。而员工的能力和成长在于其自身的学习和训练，管理者无须投入太多的精力对下属进行培养和指导。对员工进行培养应该是人力资源部门的职责，管理者没有太多的责任。这种错误的认识，让我在这方面做得很欠缺……"

其实，这位朋友的坦言有一定的代表性，很多管理者压根儿没有这样的意识，也就不可能有相应的行为。

三星的李健熙先生曾对本公司的干部们强调："管理者的首要任务是对后辈的培养，其次才是管理人。"这也是三星选拔干部的重要条件之一。

那为什么说培养下属是管理者的职责和首要任务呢？

第一是因为你是下属的直接上司，在工作中你的言行举止对他们会产生很大的影响，所以你要做到以身作则，给下属树立学习的榜样。

第二是因为你应该最清楚团队的业务目标与基准，清楚你的下属们具备哪些能力才能符合这些基准。不清楚这些，就不能保障团队目标的实现，而按着组织管理全责对等的原则，你要对你下属和部门的业绩负有直接的责任，甚至是全部的责任，所以，提升下属的能力是你的首要任务。

第三是因为你应该知道下属们所需要的知识、技能和态度，哪里欠缺，就应进行相应的训练和指导，否则就无法达成团队的业绩目标。

如果你觉得自己刚刚担任新职位，目前对第二和第三点尚不熟悉，那么从今天开始，你就要多下功夫，尽快了解和掌握。这个部分在前面的信件里已经说到过。

第四是因为你可以监督下属的改变，这是职位赋予你的权力。对下属的工作进行监督的目的是为了及时发现存在的问题，并给予纠正，最终还是为了帮助下属完成业绩目标。如果某一位员工的业绩上不去，就会出现短板效应，整个部门的业绩就会受到影响。

第五是因为你掌握了培养下属的资源。怎样把手中有限的资源提供和分配给下属，是你必须要考虑的。企业是拿结果说话的，你的能力同样也是靠你部门的业绩说话。你要做的这一切，都是为了帮助下属提升能力，最终通过团队的力量去完成部门目标。

总之，建议你记住这一点，教导下属是你的天职。天职是什么？天职是天定的职责，是必须尽到的责任，不可推卸，义不容辞。希望在你的综合实力不断提升的同时，你的下属也能与你一同成长。

思考 为什么说培养下属是管理者的天职？

第 29 封信　培养下属要因材施教

在这封信里，想和你聊聊在培养下属的时候，怎样做到因材施教。

还记得吗，在第一封信里，我们曾谈到过管理者管理的难点，最终聚焦到了企业最重要的要素上，也就是人。之所以不好用同一个标准去套用到你、我、他等不同的个体身上，是因为人与人之间有太多的不同，这一点，我们在谈到培养下属的基本原则时，也已经聊过了，现在就集中说说怎样因材施教。

　　针对一个个不同的下属，你可以根据他们业务能力的强弱来进行分类，之后，针对他们的不同情况采取不同的指导方法。如果用一个员工整体业务能力的强弱去比较和分类，其范围有些大的话，那我们可以缩小比较的范围，比如可以锁定在某个项目或某项工作上，这样就会容易比出不同下属针对同一项工作的能力差异。下属们往往不只是分担一项工作，张三可能这一项工作做得好，另外一项比较薄弱；而李四则刚好相反，那一项工作做得不错，这一项做得不足。于是，我们就可以针对某一项工作的不同能力，对他们进行比较和分类。根据他们对某项工作的熟练程度，可以把他们划分成以下四类：

（1）实习期	（2）指导期
（3）熟练期	（4）教练期

　　先说说处于实习期水平的员工。处于这个阶段的下属，必须有人来手把手地给予指导。针对某项工作，实习期水平的员工不一定是新员工，也未必是第一次接触这项工作，但就是力所不及，水平

低下。这里需要考虑一种可能性,就是该项工作是否与他本人的能力相匹配。由于个体差异,下属们的特点和学习能力各不相同,擅长的也不一样。比如,培训现场做一些操作演练,有的员工动手能力很强,指导两遍就学会了;而有的员工需要反反复复,付出很多的精力才能教好。所以,你在给下属们安排具体工作的时候,一定要考虑他们的特点。

比起实习期类的员工,指导期类的员工具备了对某项工作的一定能力,但还是不能独立完成这项工作,需要用师带徒的方式继续指导。还是因为个体的差异,同样处于指导期类的员工,有的下属积极主动地寻求帮助,而有的下属即使遇到问题,也不肯请教。对于前者,你要充分肯定,不失时机地给予有效指导;对于后者,你要鼓励他们打消顾虑,主动提供必要的帮助。

处于熟练期类的员工,他们已经具备了独立完成某项工作的能力,你可以把这项工作交给他们来完成,只要工作态度没有问题,就能比较好地完成任务。

达到教练期水平的员工,他们对某项工作不但非常熟悉,而且还具备了指导其他员工的能力,他们不但会做,还会教人,更可贵的是愿意去教。对这样的下属,你要充分利用资源,让他们与你一起去弥补团队的某些短板。

思考 针对某项业务,怎样对你的下属进行分类指导?

第 30 封信　培养下属的基本原则

在这封信里，想和你聊聊培养下属的几个基本原则。

前面已经说到，培养下属是你的天职。有了这样的意识，你才会关注怎么去做，方式和方法有哪些，怎样帮助下属获得成长。其中，方式和方法固然重要，但一些基本原则是不能不讲的。不少管理人员，不能很好地区分方法和原则的差别，把它们混为一谈，在此，希望你能注意区别它们的不同点。

简单地说，原则一般是指人们对待各种事情的立场和态度，是一定要坚持的；而方法是指在不违背原则的前提下，具体采取什么样的手段和措施去做事。在培养和指导下属的时候，你既要坚持基本的原则，又要讲求正确的方法，这样才能取得更好的效果。

接下来说说在培养下属时，你应该坚持的几个基本原则。

原则一：以身作则

这是管理下属、培养下属务必先要做到的。做不到这一点，想让下属服从你、跟随你、尊重你、欣赏你，简直就是奢望，绝不可能！即使有员工服从于你，那也只是对你职位的畏惧，而不是对你这个人的服从。《论语》里有两句话："其身正，不令而行；其身不正，虽令不从"。当年《论语》里所写的这些话，并不是针对管理者而言的，但今天拿来衡量我们自己，是否觉得很贴切呢？

说起以身作则，有家企业人力资源经理曾向我介绍过她们公司的一个例子。她说公司处分过一名主管，原因是他违反了公司的规定，还给员工造成了不良影响。有次夜班，下属有问题要向这名主管反映，但找不见人，电话也不接，后来有员工发现他躺在会议室的椅子上，身子藏在桌子下面睡觉呢。且不说他睡觉的原因，工作时间员工干活自己睡觉，无论怎样也说不过去。身为一个管理者"其身不正"，对下属就会带来"虽令不从"的结果。

原则二：勇于承担责任

关于责任，林肯曾说过一段精彩的话："每一个人都应该有这样的信心，人所能负的责任，我必能负；人所不能负的责任，我亦能负。"

我们每个人都肩负着一种使命和责任，而责任也是一个人价值的体现。一个不懂得承担责任的人，其实已经失去了存在的价值。

在日常工作中，你作为团队的领导，无论是下属出了问题还是团队出了问题，你首先要做的是进行自我反省，把手指指向自己，问问自身有什么问题。只要是团队或部门的问题，你一定要有勇气承担，不可以找借口或所谓的理由去推卸。

你能够承担多大的责任，就能取得多大的成就！

原则三：因材施教

什么是因材施教？著名的教育家陶行知先生做过非常贴切的比喻："培养教育和种花木一样，首先要认识花木的特点，区别不同情况给以施肥、浇水和培育，这叫'因材施教'。人像树木一样，要使他们尽量长上去，不能勉强都长得一样高，应当是：立脚点上求平等，于出头处谋自由。"

人与人之间有很多的不同。每一个下属，无轮是从性格、思维方式、学习能力，还是做事的意愿、动机和态度、成长的环境等，他们都是一个个有差异的不同个体，对待他们不能采用一刀切的方式。对不同的员工，要通过了解他们的不同特点，采取不同的指导方法。有关因材施教的具体的方法我们在后面讲到下属培养的方法时，再进一步探讨。

原则四：公平公正

在遵循组织管理的基本原则中，我们已经讲到过公平公正。这个原则运用到下属的培养和管理中，就是要力争做到一视同仁，让你的下属都能获得学习和成长的机会。另一方面，在对下属进行评价时，不宜感情用事，要以事实为依据，就事论事，也不能先入为主。

有个员工越级到总监那里反映主管的问题，说自己的主管偏心，评价很不公平。他们最近刚完成一个项目，历经半年之久，这位员工觉得自己付出的不比其他同事少，家里有事本想休假，但考虑到时间紧也都放弃了，一心扑在了项目上，但主管给自己的评价是C（这家公司考评分为ABCDE五个等级，A是最高等级）。为此，这位总监了解了情况，结果基本属实。总监与主管谈话时了解到：在主管眼里，这名员工有个性，平时表现一般，加上评价有指标限制，不可能人人都A，所以就给了他C的评价。

希望你在工作中能做到一视同仁，消除偏见。

原则五：循序渐进

一个人的成长需要时间的积累和沉淀，而下属工作能力的培养和提升，同样需要一个过程。只是不同的员工有个体差异，有的悟性好、学得快，有的反应差、接受慢。因此，对员工的培养不能急于求成，特别是对学习力相对欠缺的下属，就更加需要耐心，做到由易到难，循序渐进。

原则六：持续不断

企业的竞争，归根到底是人才的竞争。人才的开发和培养是企业发展的重中之重，如今这已经是家喻户晓的真理了。但实际上，口是心非的企业不在少数，对员工的培训常常是说起来重要，忙起来不要，哪个环节出了问题，又怪罪于培训没有搞好。

人才开发和培养，是一项系统工程，你需要了解你的下属，并通过制订系统的培养计划，持之以恒，持续不断地落实和跟进。

思考 培养下属应坚持哪几项基本原则？

第 31 封信　培养下属的几个要点

围绕着怎样培养下属，已经说了很多，在这封信里我们做个小结，聊一聊培养下属需注意的几个要点。

1. 确信下属有足够的能力。

用一个人，我们用的是他的优点，不是缺点。你要善于发现下属的优势，在你的职权范围内，尽可能给下属提供施展能力的机会，并确信他有能力完成任务，常给他们积极的心理暗示。

2. 向下属分派工作时要清晰表达。

我们都有这样的体验，明明觉得自己说得很清楚，但对方并没有明白。所以，在分派工作任务时，一定要清晰明确，最好的办法就是确认他们的理解度，让他们复述所分派的任务。

3. 在不违背原则的前提下，发挥员工的创意。

在工作中，要鼓励员工开动脑筋，不要受习惯思维的束缚。当员工有好的想法时，只要不违背大的原则，不妨让他尝试。针对某个问题，也可以在团队内部运用头脑风暴法，挖掘和发挥员工的创意。

4. 不要因下属的失误而打击他们的自信心。

彼得·德鲁克曾说过："从来没有犯过错误，也从来没有过失，这种人绝不可以信任，他或许是一个弄虚作假者，或者只做稳妥可靠的事。"做任何事，失误是不可避免的，对员工的失误，你要保持理性，切不能挫伤员工的自信心。

5. 及时鼓励和赞美下属。

鼓励和赞美下属是管理者非常好的习惯，不要吝啬对员工的表扬，这样做，既能提升下属的自信心，也能激励他们。

培养下属是一项系统工程，你要不断积累和总结，为下属的能力提升，提供更有效的帮助。

思考 培养下属的要点有哪些？

第 32 封信　培训下属的三种基本方式

在上封信里，我们聊过培养下属的几个基本原则。在这个基础上，我们谈一谈培训下属的三种基本方式。

从培训的方式上，员工培训可以分为三类：

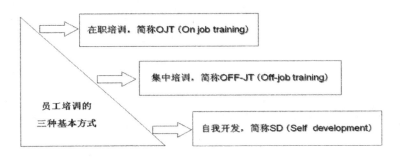

员工培训的三种基本方式

- 在职培训，简称OJT（On job training）
- 集中培训，简称OFF-JT（Off-job training）
- 自我开发，简称SD（Self development）

1. 在职培训，简称OJT（On job training）

在职培训也叫在岗培训，这种方法是指上司或老员工（至少有两年以上工作经验的优秀员工）通过日常业务和工作，对下属或新员工进行有计划的指导，指导的内容包括员工在工作中所需要的知识、技能、态度等。

2. 集中培训，简称OFF-JT（OFF-job training）

集中培训也叫脱产培训或离岗培训，就是将接受培训的下属集中在一定时间内，离开工作岗位，暂时放下工作，利用外部或内部的培训设施进行培训的一种方式。聘请外部讲师还是内部讲师，要根据课程的需求而定。

3. 自我开发，简称SD（Self development）

这种方法就是员工自学自己在工作中所需要的知识、专业技术等。随着互联网技术的不断发展，学习的途径也越加丰富，从管理者的角度，你要给员工积极创造学习的条件和环境。有的管理者利用部门微信圈开展相应的学习活动，有好的学习资源大家相互分享，开展学习心得交流会等。

在上诉三种方法中，在职培训，即一边工作一边指导的方式，是培养员工最有效最直接的方法，因为这种方法是在工作中学习工作，不是纸上谈兵，而这种方式的负责人就是管理者，是员工的顶头上司。只有每个层级的管理人员都有这样的意识，并付诸行动，对员工的培训才能达到良好的效果。这也是很多企业对管理人员进行培训时需要给他们强化的理念和意识。

> ☞ **思考** 在培养下属时，怎样用好这三种方式？

第 33 封信　怎样指导新员工？

今天我们聊一聊怎样因人而异地去指导你的下属。从工作阅历的角度，可以把下属分成三类，即新员工、资深员工和老员工。在这封信里，我们先说说怎样指导新员工。

我们说的新员工包括两类，一类是校招的新员工，就是我们常说的应届毕业生；另一类是社招的新员工，也就是有工作经历的员工。两者虽然都是新员工，但在管理方法和培养方式上应该区别对待。

对于刚刚走出校门进入公司的新员工来讲，他们要完成人生中一个非常重要的转变，既从一名学生成为社会人，再到职场人这样一个角色的转变。

面对一个未知的世界，他们内心的忐忑和担忧可想而知，只要你想想自己的当初，将心比心，换位思考，就能够理解他们的心情了，这对他们也是非常关键的时刻。作为他们的上司，你理应承担起引导他们的责任，帮助他们从茫然和不安的心境中走出来，让他们能尽快适应工作环境。他们除了参加公司统一组织的新员工入职培训之外，你还要为他们做以下的工作。

1. 制订培养计划。有的公司对员工职业发展通道的设计比较清晰，但多数公司做得不太理想。不管哪种情况，要帮助新员工走出茫然，让他们知道自己要做什么、怎么做。为此，应给他们制订为期一年（至少半年）的培养计划，计划要具体，不能做成框架。

2. 师带徒，给新员工配备一名师傅。如果部门内没有合适的师傅人选，你就要亲自担任。

3. 帮助新员工熟悉本部门工作职责和他自身的岗位职责，明确自己该做的工作内容。在下达任务时一定要清晰明了，指导时务必耐心、认真、准确。

4. 加强对公司规章制度、流程和标准等内容的培训和学习，这是新员工做事的尺度，务必让他们尽快熟悉和掌握。

5. 引导正确的方向。一味对员工好并不是好的管理者。鼓励可以增强员工的自信和勇气，但指出问题、善意的批评则更有助于下属的成长。通过面对面的交流，可以帮助新员工发现不足，对其工作方法、思维方式和人际交流都会起到促进作用。良药不一定苦口，忠言也不一定逆耳。

与校招的新员工相比，社招的新员工有相应的工作经历，对于他们，你要做的是帮助其尽快融入公司的文化，了解公司的规章制度，明确自己的本职工作。他们也需要接受岗前培训。

思考 怎样带好新员工？具体方法有哪些？

第 34 封信　怎样对待资深员工？

这封信我们来聊一聊怎样管理资深的员工。

顾名思义，资是资历、资格，深是积淀、深厚，加起来就是资历深、资格老。你的手下有这样的员工，那是你的福气，一定要珍惜并利用好这一重要资源。如果暂时没有，就要帮助现有的下属尽快成长为资深员工。

通常，资深员工有良好的工作能力，他们经验丰富，在某些领域已经达到专家水平，工作思路清晰，能提出建设性的方案，有能力指导和帮助其他员工，对公司有一定的贡献。人们往往把资深员工和老员工画上等号,认为资深员工就是老员工,老员工就是资深员工。两者是有共同点,但也有区别。资深员工的业务水平和能力是通过时间积淀出来的,所以"老"是他们的共性,但老员工未必资深,他们的工作年限不短,但能力平平,业务水平也只是一般,这类员工时间上是"老",但够不上资深,所以两者要区别对待。

对资深员工可以采取以下的方法:

1. 愿景共识引导

用共同的目标和愿景进行引导,达成共识,赋予挑战性的工作任务,并对他们的能力给予充分肯定和认可。

2. 情感沟通

常与他们进行沟通与交流,了解他们的想法,关注他们内在的需求,恳请提出宝贵的建议,并培养对团队的归属感,确保稳定,以防流失。

3. 充分授权

他们是比较适合授权的对象,你要结合他们的特点充分授权,提供给他们施展能力的平台和更多的机会。

4. 目标导向

因为他们的业务能力比较强,在布置工作任务时应少指令、多鼓励,向他们要目标的结果,而将过程交给他们,出现问题时,给予及时的帮助。

5. 帮助做好职业生涯规划

职业生涯规划是双向的,一个是公司层面应该为员工开道和指明方向,另外一个层面是员工从个人角度去规划自己的发展。当然，最理想的状况是两者的有机结合。你有责任帮助下属梳理思路，为其提供职业生涯规划的建议和帮助。

资深员工是公司的财富，也是你部门重要的资源。他们一旦流失，会带来极大的损失，因此要倍加珍惜和关爱他们。

☞ 思考 怎样管理资深员工？

第 35 封信　怎样对待老员工？

在前面的信里，我们谈过对资深员工的管理，也说到过他们与老员工的区别。老员工包含两类，一类是青春已逝、年长的老员工；一类是年纪轻轻但工作年限较长的员工。一个"老"字，或许代表了阅历，或许代表了资格，或许也代表了因循守旧、激情不再，或许它还是思想保守的代名词。在这里并没有全盘否定老员工的意思，但如果把他们的共性问题列举出来，足可以引起你的注意。他们存在的问题大致如下：

◇思维比较固化，缺乏新的思想和创意，不愿意尝试新的事物。

◇工作缺乏热情，不思进取，"差不多就行"占上风。

◇爱抱怨、发牢骚，不能以身示范，起不到模范作用。

◇传播负面信息，对其他员工，尤其是新员工带来不良影响。

◇有些自满情绪，倚老卖老，不太配合他人的工作。

◇有的老员工拉帮结派，不利于团队的合作。

把上述这些行为姑且称为"老员工综合征"。这些问题是否对你也有一个警醒的作用：我也是一名老员工，我不能犯这样的错误！

老员工的这些问题并不意味着无法改变，他们也需要你的关注。对待老员工，可以尝试以下的做法：

1. 尊重老员工

在工作中，可以听取他们的意见和想法，这种做法本身就是一种尊重，让他们意识到你对他们的关注。

2. 充分发挥老员工的优势

启发和引导他们，提炼出好的做法和经验，并提供机会让他们分享自己的工作经验。如果本人有意愿，也可以让他们指导其他员工。

3. 对目标提出明确的要求

在分配工作时，明确工作目标，并提高工作的要求和标准，适当增加难度。

对执行的过程进行检查、监督和跟进，防止经验主义。

4. 加强培训

除了选择适合的培训内容以外，培训方法的选择也很重要。培训时，采用他们易于接受的方式和方法。通过综合运用多种成人学习的方法，可以增加他们的学习兴趣和参与度，从而提高学习的效果。

5. 增加沟通与交流的机会

面对面的沟通是与下属拉近距离的有效方法。通过交流，可以了解他们的想法，也可以把你的期望传递给他们。

6. 鼓励尝试新的做法

新方法的尝试一旦成功，能够减少阻力，也能引起他们的兴趣。

几年前去一家企业给中干培训，他们公司的惯例是培训一定要排排坐，就像学校的学生上课一样。当我提出分组的要求时，立刻被对方拒绝了：我们公司很传统，一直都是排排坐，再说，分组了员工们也不会参与。但我还是想尝试一下，当然也是了培训的效果。跟领导反复沟通后，他们才勉强让步。那一次，这家公司开了先例，以往开会和培训一贯是台上一人讲、台下众人听，这次采用不同方式的效果连他们自己都觉得意外，员工们的参与感很强。后来培训主管打来电话，说领导发话，以后可以尝试不同的方法。

思考 怎样管理老员工？

第 36 封信　怎样对待能力与意愿不同的下属

在前面的几封信里，我们聊过针对不同的下属要采取不同的方式进行指导和管理。现在我们换个角度，如果从能力和意愿这两个维度去分析和管理下属，又能得到怎样的启发呢？

汉语词典对能力的解释是指顺利完成某一活动所必需的主观条件，是一个人完成一项工作目标或者任务所体现出来的素质。平常人们在评价一个人的时候说某人能力很强，或者说某人能力不行，其实，这种评价不一定是真实、客观的。举个例子，王五在某个方面的表现优良，就评价他很有能力；赵六在某个方面的表现不理想，就可能给他戴上能力差的帽子。

事实上，一个人的能力不仅仅是指一种，在基础心理学里，就把能力划分成了几个大类别，每个类别里又分有若干个子分类，比如有一般能力、特殊能力、认知能力、操作能力、社会交往能力、模仿能力、创造能力等等。其中，一般能力是指在进行各种活动中必须具备的基本能力，包括记忆能力、观察能力、思维能力等；特殊能力是顺利完成某种专门活动所必备的能力，包括运动能力、绘画能力、数学能力、音乐能力等，也叫专门能力。由于人们所具有的能力有差异，所以，在完成一项任务中所表现出来的状态也有差异，甚至差异很大，它会直接影响从事某项工作的效率和效果。因此，给员工安排工作时，如果与他在这方面的能力相匹配，就能带来截然不同的效果。

有家企业，人事、行政、工会等部门都由总经理助理直接管理。去那家企业培训，我们一起吃饭时聊到了这个话题，这位总经理助理说起了一个例子：人事部门去年招聘了一名学人力资源专业的新员，他的工作是负责做工资报表，再辅助做一些其他工作。糟糕的是按他做的工资报表给员工发放工资，时常出现问题，搞得主管很头疼，而说起这位员工呢，大家都觉得人不错。在今年年初公司组织活动时，发现他点子很多，那一次部门拿了一等奖。后来刚好工会有个空位，征得这位员工的同意后，就把他调离了原岗位，现在人家在工会干得不亦乐乎，职工活动搞得有声有色。

另外一点是即使员工具备了某种能力，如果没有意愿，不想做，也无法把事情做好。有了"我愿意做、我想做、我要做"的心理，才会有热情。而人的共同心理往往是喜欢做自己擅长的事。作为管理者，你要善于发现下属的特点，把这些与工作结合起来，尽可能提供机会，做到人尽其才，各显其能。

现在我们搭建一个坐标图，把能力视为纵轴线，把意愿视为横轴线，可以分成以下的9宫格。分成4个格子或16个格子也可以，只是4个格子有些粗，16个格子又过多。不同格子里的员工有不同的特点，你就要区别对待他们。

能力		
6	8	9
3	5	7
1	2	4

意愿

格子1：这个区里的员工是淘汰的对象，无须把宝贵的精力和时间放在他们身上，毕竟企业不是福利机构。

格子2和格子3：这两个区里的员工也比较麻烦，可能的话，尽力帮助和引导一下，如果本人不努力不醒悟，迟早也会被淘汰。

格子4：这样的员工态度端正，做事很积极，但无法挑起重任。

一方面通过培训帮助他们提高工作能力，另一方面安排他们力所能及的工作。

格子5：这样的员工在能力和意愿两个方面都处在中间水平，都有一定的提升空间，可以通过培训引导他们。

格子6：这样的员工很有能力，也比较有个性。可以分析一下为什么这类员工做事意愿不强，或人们通常说的态度不好，是因为他个人的原因还是跟管理者有关系。由于他们比较有想法，所以不像4区的员工那么好管理，但这未必是坏事。通过与他们多接触多交流，深入了解他们的想法，引导得当就能起到积极的作用。

格子7和格子8：这样的员工是企业的人才，把工作交给他们都能独立完成。通过沟通、授权、激励等手段，不断提升他们的能力。

格子9：这是名副其实的企业"人财"级员工，是提拔、晋升和重点栽培的对象，但往往他们也会遭到妒忌和排挤。如果你的手下有这样的员工，应该倍加珍惜，创造条件给他提供历练和发挥能力的机会，我们前面已经聊过，培养你的下属是你的责任。

有位朋友在一家欧美企业担任北京分公司的经理，工作业绩很出色。有一次几个好友聚餐，她透露说自己年底有望晋升，可能会负责中国区域的业务，我们以茶代酒为她干杯祝贺。但结果未能如愿，到年底她没能晋升，后来得知原因是总部认为提拔了她，北京分公司没人能接替经理的位置。她很能干，但没能担负起培养下属的责任。

现在建议你用以上方法，对你的下属进行一下分析，当然，你也可以先来分析一下你自己，看你会把自己放到哪个格子里。

看 思考 怎样管理不同格子里的下属？具体方法有哪些？

第 37 封信 指导下属的训练方法

这封信我们聊一聊指导下属工作的基本训练方法，这也是OJT
的基本方法。

当你把一项新的工作教给下属的时候，可以参考以下几个步骤：

1. 首先要营造良好的指导氛围。

只有在轻松、愉快的学习环境中，下属才能够放松紧张的心
理。当然在工作指导之前，一定要明确工作任务和目标是什么，以
及衡量的标准。同时，你一定要熟悉这项工作的流程。自己都没有
弄清楚，就不可能去教授下属。

2. 明确告知下属要做什么，为什么？

在告诉下属做什么的时候，一定要具体明确，同时，要告知目
的。如果不说明为什么，不说清楚目的，就会带来知其然不知其所
以然的结果，下属可能会盲目去做。有家企业生产笔记本电脑，有
一次有大批电脑散热检测不过关，经过查询，最终找到了问题点。
原来，按照操作规程，把散热片装到主板时，螺丝要按对角线方向
慢慢拧紧，这样受力才会均匀。但在技能训练时，由于培训人员对

"为什么"要这样做强调得不明确，员工们按习惯依次去拧，结果受力不均，导致出现上面的问题。

3. 给下属做出正确的示范。

人们往往喜欢用自己的习惯方式做事，但在指导下属时切记，一定要按照流程和标准去指导，用正确的方法去示范，绝不能按个人习惯操作。一旦员工养成不正确的习惯，再去纠正就会费时费力，浪费宝贵的资源。

4. 带着下属反复操练。

在这个过程中，管理者要扮演好教练的角色。耐心，认真，反复地训练，一直到下属正确掌握操作要领。

5. 给下属自我练习的期限。

通过上面的指导，让下属自己反复练习，做到熟能生巧，可以独立完成。

6. 给下属提供实际完成某项工作任务或项目的机会。

这个过程是检验上面指导结果的过程。在下属独立完成任务的过程中，你要做的是认真观察，及时反馈。员工做得好及时给予肯定；出现问题及时给予更正。在这个阶段，进行有效的观察和指导是必要的。

上述几个步骤，建议你反复运用，熟练了就会慢慢地变成一种习惯。

思考 在教给下属某项工作时，应采取怎样的方法？

第 38 封信　培训下属的时机和方式

在前面的信件里，我们不止一次说过培养下属是管理者的天职，也是管理工作的重中之重。在这封信里我们聊一聊培训下属的时机，也就是除了在日常工作中你要随时向下属提供支持和支援以外，还有哪些情况是务必进行指导和培训的。

在对下属进行在职培训（OJT）和指导时，要结合多种方式，因为不同的方式有不同的特点，比如：

1. 现场指导：可以培养下属的务实精神。

在现场发生的问题，必须在现场查找原因，并制订出相应的对策落实跟进。

2. 案例学习：可以培养下属的实战能力。

聪明的人，不会犯同样的错误；智慧的人，可以从别人的经验中得到有益的启发。案例学习是很好的方法，可以帮助员工变得聪明和智慧。

3. 立刻指导：可以培养下属解决问题的紧迫性和时效性。

企业的经营是诸多问题的延续，随时会发生各种问题。当问题发生时，一定要第一时间及时进行处理，并针对问题对员工进行及时有效的指导。不少人患有拖延症，立刻处理和指导，可以帮助员工养成做事不拖延的好习惯。

4. 互动学习：可以碰撞出智慧的火花。

分享和互动学习是一种很好的学习方式，在团队中要持续开展一系列活动，营造良好的学习氛围，让员工参与其中。

上述这些方式要结合起来一起使用。

那么，在什么状况下下属必须要接受培训与指导呢？下面这些情况你一定要留意，并抓住机会提供帮助：

1. 新员工第一次上岗

新员工经过实习期成为你部门的一员，你就有责任培养他、帮助他。对新来的员工，要明确交代他的工作范畴和工作要求。如果是校招的新员工，每项工作都要认真细致地给予指导。有关新员工的培养前面已经讲过方法，可以参考。

2. 职务变更时

比如某下属从员工提升为基层管理者，你就要对他进行相应的指导和培训。

除了公司层面的培训之外，你还可以把自己的一些经验和好的做法传授给下属，帮助他明确岗位职责，尽快进入新的角色。

3. 改变工作方法时

工作方法和流程发生了改变，或进行了改善，就必须在第一时间把新的方法教给员工，并通过反复训练让员工熟悉。

4. 岗位变换时

因工作需要，有的员工会调离原岗位，或轮岗。对安排到新岗位的员工应进行新岗位的相关培训，帮助他尽快熟悉新的工作内容和相关的工作技能。

5. 新项目启动之前

要启动一个新的项目，必须对参与的有关人员进行相应的培训，让他们提前了解和熟悉工作的流程和方法，确保项目顺利完成。如果中途有人员变更，有工作需要交接，或流程发生了变化，一定要及时确认和补充培训。

6. 新的制度推进时

公司根据发展的需要，会出台新的制度，或对原有的制度进行修改。你是管理者，你自己首先要清楚公司的变化和要求，同时要对下属进行相关的培训，确保你的团队成员都能遵守。

7. 出现问题时

工作中会随时发生各种问题，比如，产品的质量、客户的投诉、设备的故障、进度的延误、成本的加大、士气的低落等等。出现问题，不但要第一时间处理，同时要对员工进行有关培训，以杜绝或防止类似问题再度发生。

在职培训是随时随地可以进行的，不要拘泥于一些框架和形式，而工作场所就是最佳的培训场所。

思考 哪些情况下，务必对员工实施培训？

第 39 封信　怎样培训"知识"

对员工进行培训时，不同的内容要采用不同的培训方法，这样才能提升学习的效果。这封信我们聊一聊培训内容的分类，以及对下属怎样进行"知识"的培训。

通常可以把培训的内容归为三个部分，既知识、技能和态度，简称为KSA（Knowledge，Skill，Attitude）。简单地说，知识是"是什么？知不知道？"；技能是"怎么做？步骤和方法是怎样的？"；态度是"想不想做？有没有意愿？愿不愿意做？"。

这三部分内容即有联系，又有区别。其中，相比知识和技能，态度相关的培训是最大的难点。现在先来看一下"知识"的培训方法。

如果从哲学和认知心理学的角度去解释知识，这是一个比较复杂的概念，也不是很好理解。抛开理论研究的层面，《现代汉语词典》给出了明确的定义：知识是人们在社会实践中所获得的认知和经验的总和。对职场员工而言，日常工作中我们说的知识通常包括业务知识、产品知识、专业知识、职务和职责相关的知识，对管理者而言还有管理知识等等。归纳起来，对下属进行知识培训的方法可以参考如下：

1. 自我学习：随着互联网技术的飞速发展，获得知识的途径和手段也日益丰富，管理者要营造良好的学习氛围，鼓励员工自我学习。

2. 外派学习（脱产学习）：根据工作需要，选派员工参加公司外部的学习，比如专业知识的学习。因资源不足，公司内部不能开展专业培训时，外派学习是一个途径。

3. 在岗培训：在岗培训是提升员工工作能力最直接也是最有效的方法。

4. 以老带新：让工作业绩和表现好的老员工带新员工，把好的经验和方法传授给新人，但一定要注意经验和知识的更新。

5. 轮岗：这是一种很好的学习方式。公司层面的轮岗中层无法决定，你要考虑在自己的职权范围内，怎样让下属更多接触不同的业务。

6. 分享学习：你可以给员工创造条件，比如十分钟学习法。利用早会的时间，每次指定一名下属进行分享，大家相互学习，共同成长。

7. 网络学习：比如微信、微课程、在线学习等，都是很好的学习手段。

8. 阅读、读书会：大家共同读一本书，深入研讨、相互启发，或者也可以指定不同的员工读不同的书籍或文章，读出精髓后与大家分享。如果你的团队有6名员工，1人读5本，那就是30本。

9. 知识竞赛：用这种方式，督促下属记住必要的知识点。

10. 考试：考试虽然有压力，但确实是掌握知识的有效手段。

11. 看板：把重要的信息通过看板展示出来，可以带来视觉化的效果。

以上方法在进行知识类培训时可以参考。

思考 对下属进行知识类培训可用哪些方法？

第 40 封信　怎样培训"技能"

在前面的信里，我们说到了对知识类的培训方法，现在来聊一聊如何进行技能类的培训，有哪些方法。

技能是掌握和运用专业技术的能力，它和知识是相辅相成的：知识的学习，有助于技能的掌握；而技能的熟练，也有助于知识的巩固。所以，知识的培训方法也适用于技能。但技能的训练与知识的学习相比，有个重要的区别，技能必须通过实操、动手和实践来获得与提高。举个生活中的例子，比如我们考驾照，交规考试打了100分，但那仅仅是理论成绩，如果不坐进车里进行实操训练，就根本不可能学会开车。有句话说得好："心中醒、口中说、纸上作，不从身上习过，皆无用也！"说的正是这个道理。

在进行技能训练时，除了可以运用"知识"的培训方法外，还可以参考以下方法：

1. 梳理操作规程和岗位说明书：清晰明确的操作规程和岗位说明书，是必需的学习资料，你要对自己所负责的工作进行认真梳理。

2. 编制培训教材：教材可包括书面、视频等，根据不同业务的技能要求，有针对性、专业性地进行整理和编制。

3. 案例学习：选择的案例要有代表性，通过分析可以从中得到启示。

4. 经验分享：对某项技能，让员工彼此分享自己的感受，彼此借鉴和学习。

5. 参观学习：参观学习可以拓展思路，扬长补短，学习人家好的地方。

6. 岗位技能比武和竞赛：这是技能训练比较常用的方法，通过比武和竞赛，可以提高员工的技能水平。

7. 多技能培养：一个员工不仅要掌握本岗位的工作技能，同时提供条件让下属接触和学习不同岗位的技能，这对下属和团队都有好处，不但可以拓展员工的能力，还可以提高团队的工作效率。技能培训的关键是明确操作的步骤和方法，梳理流程和标准，建立考核制度。

思考 对下属进行技能类培训有哪些方法？

第 41 封信　怎样培训"态度"

在前面我们聊过知识和技能的培训方法，现在聊一聊态度应该如何培训，或采用哪些方式帮助员工改变态度。这也是管理者管理的难点，因为管人就是管人心、管态度。

态度是心理学领域中非常重要的概念，有的学者甚至认为社会心理学就是研究态度的学科。以心理咨询为例，实际上就是帮助求助者转变态度的过程，对一件事情的看法转变了，问题才有望得到解决。

那什么是态度? 态度对于一个人来讲为什么那么重要? 其实，态度的定义基本给了我们答案：态度是个体对特定对象的总体评价和稳定性的反应倾向。这是社会心理学的定义。《汉语词典》的解释更加简明：态度是一个人对事情的看法，及由这种看法所导致的行为倾向。

人们对同一事件的看法不同，所得到的解释或评价就会截然不同。比如对待工作，有的员工真正把工作当作是自己的事；而有的员工把自己定位在打工者的角色上，只要对得起工资就行，其他都是老板和公司的事。这种完全不同的看法，带来的是完全不同的行为，前者兢兢业业，带着责任心去完成工作，后者则是得过且过，敷衍了事。

在日常工作中，发现下属的态度出现问题时，其原因可以从三个方面去查找，一是下属本人，二是管理者和团队，三是公司。在谈到态度时，有家企业的HR经理曾举过他们自己的例子：公司原本每月5日发工资，后来推迟到10日，再后来又推迟到20日，这样一来几乎拖欠员工1个月的工资。时不时有员工打电话询问，人力资源部经理说他们也很无奈。由于发薪日期一再拖延，有的员工开始怀疑公司效益，打算另谋高就。

对于这些公司层面的问题，不是管理者能够左右的，在这里我们暂且不去探讨。现在从管理者力所能及的角度，思考一下有哪些方式或方法能够帮助员工转变态度。

1. 以身作则

在下属面前做到处处以身作则是需要付出努力的。人无完人，都有短板和不足，从你走上管理岗位之日起，你的言行就不再是只属于你的了，因为你的言行举止会对员工产生很大的影响，所以，你要成为员工学习的榜样。这对你自身的提高也起到了很好的促进作用。

2. 发现问题及时处理

当你发现下属出现了态度方面的问题时，谈心和沟通是了解员工最直接的途径，也是与下属进行情感交流的必要手段。在谈心之前，你要预先做些功课，除了了解下属之外，还要了解下属态度转变的影响因素。

美国学者霍夫兰德等人，就态度如何转变提出了四要素模型，这四个要素包括传递者（劝导者）、沟通信息（内容）、接受者（主体）和情境（背景）。

在与下属沟通的过程中，你扮演劝导者或引导者的角色。对待你们的谈话，员工可能有两种心理，一种可能是你的下属真心愿意与你交流；另一种可能是因为你们是上下级关系，下属因处于服从的地位而接受你安排的谈话。显然，你在下属心目中的地位、谈话的出发点、有没有换位思考、是否替下属着想，以及下属是否意识到你的关心等，都会影响谈话的效果，这些都是你需要注意的。

3. 体验活动

态度类的培训只用说教的方法收效甚微，体验活动是帮助员工改变态度的一种很好的培训方式，它是通过让员工亲身参与某项活动，让他们自己去体验、感受、判断和总结。比如，我们常说健康第一、珍爱生命、热爱生活之类的话，可事实上，有多少人真正体会到了这些话语的含义呢？有一次我去韩国出差，参加三星集团总部组织的培训，刚好赶上了他们组织的公益活动。那一次，我们去了一家离首尔不远的孤寡残疾人福利院。回来的路上，看着大家的神态，听着他们的谈话，完全能感觉到这次活动带给大家的心灵触动。去年去一家企业培训，老总为人谦恭，也非常好学，只要是可行的建议他都积极采纳，培训结束没过多久，公司举行了一次活动，组织员工分批去条件比较艰苦的军营参加军训，吃住在军营里。后来他们的培训主管告诉我，这次体验式培训效果很好，员工们有很多体会和感受，有的员工在心得中写道：我以为公司条件很糟，饭堂伙食不好；宿舍条件拥挤，办公环境嘈杂……此次活动让我清醒了……我不再抱怨，今后努力工作。

4. 善于鼓励和称赞员工

善于鼓励和称赞员工是管理者良好的习惯，你不但要善于发现员工的长处，还要毫不吝啬地对下属及时进行鼓励和表扬。

5. 做好团队建设，增强归属感

将心比心你就可以知道，能在一个良好的团队氛围下工作，是每个职场员工的愿望。那也是有福气的员工，因为同事们一起共事的时间比跟家人在一起的时间还要久，所以可以这样讲，一个人工作的状态直接影响生活的质量，工作不开心，势必减少生活的愉快度。

6. 企业文化的传播

近朱者赤，近墨者黑。环境对每个人都有一定的影响。作为你们团队的领路人，你要成为正能量的传递者，还要在工作中积极传播公司的文化，帮助员工融入其中。

一个人的态度有根深蒂固的一面，但不是一成不变的。要帮助员工改变态度，首先还是要做好自我修炼，只要前面说过的那五个问题，员工的回答是"YES"，你就会有追随者。重复一下五个问题是：

1. 你的下属愿意和你一起工作吗？

2. 你的下属和你一起工作，他们快乐吗？

3. 你的下属和你一起工作，他们能得到成长吗？

4. 你能为你下属的成长提供支持和帮助吗？

5. 你身上有下属值得学习的东西吗？

思考 怎样帮助有问题的员工转变态度？

第42封信　在职培训—OJT 的实施方法

在之前的信里，聊过培训下属的三种基本方式，同时也说过在职培训是培养下属最有效、最直接的方法，这封信就来说说OJT的实施步骤。

OJT（在职培训）有很多优点：

首先，它是通过日常业务进行有针对性的指导和培训，所以培训的结果可以直接通过业务反映出来，对培训效果也比较容易测评。

其次，在规定的期限内可以反复进行训练，直到达到既定的目的。

再次，1对1的指导方法可以对受训者进行手把手的训练，而工作现场又是培养工作能力的最佳场所。手把手地在现场进行指导和训练，可以最大限度地保证培训效果。

正因为OJT有这么的优点和好处，所以，你要引起重视，多加利用这种方法。

OJT的实施方法通常有以下五个步骤：

第一步：把握培训的需求

需要明确下属在业务上最薄弱的地方在哪里；存在的主要问题有哪些；个人希望得到哪些提高；你作为管理者，希望对哪些地方进行指导等。

第二步：设定OJT指导的目标

通过1对1的指导，希望下属达到什么水平（期待水平），明确指导的期限和达成的时间。同时，还要考虑设定的目标是否符合下属的水平以及部门条件。

第三步：制订OJT指导计划和日程表

计划是实现目标重要的手段和方法，务必树立详尽的指导计划和日程表。在做计划之前，要了解清楚下属的实际情况，对员工的工作能力进行分类，并对不同的员工采取不同的指导方法。

第四步：实施OJT

按制订的计划开始进行有序的指导，并利用各种业务和现场机会，不失时机地对下属进行指导和培养，有问题及时给予纠正。

第五步：评价和反馈

评价和反馈是OJT的最终阶段，要认真评价和总结目标的达成情况，包括对过程中的问题点把握、改善的事项、与本人的面谈等。

OJT的训练方法并不是仅仅适用于对新员工的培训。对工作了一段时间但工作技能等不理想的员工都可以采用一边工作一边指导的方法。对非新员工的OJT训练，可以结合实际情况进行改善，并做出训练计划表，有计划地进行指导和教授。

思考 怎样对下属实施在职培训？

第43封信　实施OJT的注意事项

这封信聊一聊在推进OJT训练方法时，你要注意的几个问题。

1. 日常管理就是在职训练

对下属实施OJT培训是管理者的一项重要的工作内容，有的公司，把OJT作为部门主管业绩考核的一个指标，让部门主管真正承担起培养下属的责任。

培训的方式和方法很多，你要树立起"日常管理就是在职训练"的意识，并且明确在职培训的重要意义，抓住工作中的每个机会，认真耐心地指导下属。

在职培训不是一场运动，必须持续进行才能达到提升员工工作能力的目的。

2. 正确对待下属的错误和出现的问题

在工作中下属出现问题是难免的，员工只有通过日常工作的摔打和实践的过程，才能得到成长；也应该让员工明白只有不断努力学习，不断提升自己的能力，才能成为受企业欢迎的员工。刚进入企业的员工，对企业的一些工作程序和规章制度以及具体的做法都还不够熟悉，出现一些问题在所难免。如果管理者一味地指责和批评，就会挫伤员工的积极性，当然就不利于员工的培养。

3. 言传身教、以身作则

我们知道"身教胜于言教"的古训，它提醒你要注意自己的言行举止，你在日常工作的所作所为，不论是有意还是无意的，都会对下属产生很大的影响。因此，你务必要做好自身的管理，给员工树立学习的榜样。

4. 创造宽松的学习空间

在指导下属时，你要特别注意不要扼杀员工的积极性和好的想法，在遵守工作流程和标准的前提下，给员工更大的发挥空间。经验可以说是把双刃剑，工作中需要一些过去的经验，但过分依赖经验就跟不上变化的要求。

5. 经常进行过程的跟进

对于较成熟的员工来说，你可以给予他适当的自由，到最后确认工作的结果不失为是一种好方法。但对于一般员工而言，还是要采取经常性进行过程跟进更能确保最终效果。在实施OJT过程中，作为指导者，你要经常与员工确认目标达成情况和成长的进度，对于下属进行必要的提示，同时对于发现的新问题及时采取纠正措施，对于下属的进步给予必要的表扬，从而令员工认识到自己取得的阶段性成果，建立起更加努力学习和工作的信心。

需要指出的是，OJT不分行业，是任何企业都可以实施的好方法。它和传统的师傅带徒弟不同，要求你把最新最好的工作方法指导给下属，而不是简单地把个人工作的经验和方法传授给OJT的对象，经验固然重要，但它代表的是过去曾干过什么；学历也很重要，但它代表的是过去曾学过什么。经验也好，学历也罢，用英语时态来比喻都是过去式。你要在部门和团队内部营造持续学习的氛围和环境。

👉 思考　实施OJT培训的注意事项有哪些？

第44封信　做一名好教练

作为管理者，你还有一个角色，就是要扮演下属的工作教练。这一点跟前面提到的"训导者"比较接近。现在一起聊一聊怎样才能更好地扮演这个角色。

什么是教练？教练是做什么的？简单地理解，教练就是训练别人使对方掌握某种技术、动作和技能。日常生活中我们说的教练是指从事上述这一工作的人，比如足球教练、健身操教练等。一个体育队的成绩不佳，教练要承担责任；同样，你所带的团队业绩不佳，你要承担责任。

要把你的下属教好练好，做个称职的教练，你要努力做到以下几点：

1. 做一个好的倾听者

倾听体现一个人的修养，尤其是意见不一致时更需要了解对方真实的想法。可往往我们做得不理想。身为管理者，你要善于倾听下属的意见，对建设性的意见，要积极采纳。

2. 懂得激励员工

说到教练的激励，我想起了多年前考驾照时的场景，当时我们是四人一部车一个教练。遇到有耐心的教练还好，可我们偏偏碰到了厉害的师傅。他是个急脾气，耐心有限，你没按他的要求做好，就会遭到严厉的训斥，我同组的一个姑娘被他训哭了好几回，对那位师傅真是不敢恭维。

在工作中，员工对自己不太熟悉的业务会有紧张心理，做得不理想也是正常的，身为工作教练，你应该懂得鼓励员工，激发和调动下属的积极性。

3. 对业务精通

提高自身业务水平和能力，是你始终不能放松的。企业提拔员工的基本条件之一就是业务能力一定要好，不精通业务就不能很好地指导员工的工作。

4. 建立员工的自信心

自信心是一个人对自己的工作、能力以及其他各方面的自我的肯定。说它重要是因为缺少自我肯定，就会缺乏自信，缺乏自信就无法做好事情。所以，你要培养你的下属，让他们懂得自尊、自爱，在工作中尊重他们、认可他们，同时，要让员工感受到自己是团队中不可或缺的一员，意识到自己对团队的贡献和重要性，这样既能让员工获得自信心和成就感，又能增加下属对团队的归属感。

5. 客观冷静，善于分析

这是做教练一个非常重要的条件。比如你教下属一项工作，结果不太理想，你是一味地指责员工学得不认真或学习能力差，还是反省自己教得不好或工作流程不完善？遇到问题只有客观、认真的分析，才能找出真正的原因。

6. 善于吸取成功经验

我们可以从别人的成功与失败的案例中获取养分，成功的往往叫取经，失败的往往叫教训。比较而言，吸取成功经验，它的实用性要比吸取失败教训大得多。作为教练，你应该多研究和学习别人成功的案例，而不只是停留在从错误中吸取经验教训。对员工实施"教"和"练"也是一样，比起反复的纠正问题，好的教练要能做到一次性教会员工，尽最大努力减少无用功。

7. 突出团队，弱化自己

"团队的业绩是大家的，出了问题是我的。"这是管理者的胸怀，也是高度和责任。举个例子，培训时以小组为单位进行研讨，之后请组长代表小组跟大家做个分享，这时候，时常会听到他们善用一个字"我"，而不是"我们"。也许有人不以为然，但如果把它和工作联结起来，相当于这是我做的，不是我们做的。所以，你要注意方式和方法，尊重员工的感受，肯定他们的贡献。至于你，也就是"我"，你的团队业绩好，人家自然会认可你，这业绩也归功于你，因为你是团队的教练。

👉 **思考** 怎样做个好教练？

第五章

目标管理与工作计划

LETTERS

本章导读

　　工作迷茫，是因为不清楚工作的目标和方向，不懂得做事的方法。任何工作，如果没有时间的限定，都不能称其为目标。

　　本章围绕管理者在目标管理中存在的问题，从怎样明确目标、人的行为通则、目标分解的步骤、工作计划的分类、计划管理的要点等，为管理人员提供了目标管理的方法和工作计划制订的工具。

第 45 封信　目标管理为什么？

为什么要进行目标管理？这封信我们来聊一聊这个话题。

在20世纪50年代初，彼得·德鲁克提出了一个具有划时代意义的概念——目标管理（Management By Objectives，简称为MBO），这是德鲁克对管理界最重大的贡献之一，他曾经指出："企业的目的和任务必须转化为目标。企业如果无总目标以及与总目标相一致的分目标来指导员工的生产和管理活动，则企业规模越大、人员越多、发生内耗和浪费的可能性就越大。"

这些年因工作需要，我接触过很多不同的行业，比如制造、技术研发、销售、IT、航空、电网、传媒、服务、房地产等等，各行各业都有其自身不同的特点，但也有很多共性问题，如人才问题、技术问题、市场问题、资金问题、品牌问题、质量问题等。这些问题，企业都需要通过明确的目标和管理活动去解决。有一次去重庆

中层管理者的 88 封信

一家企业，老总性格很开朗，有问题直言不讳，他告诉我说："我们的中层干部需要好好培训培训，我让他们把自己部门的工作目标提交上来，却发现有的居然跑偏了，对公司目标的理解有偏差，这样的结果，注定是事倍功半，甚至无功。"

心理学家曾做过这样的实验，让三批志愿者分别步行到十公里外的一个村庄：

第一组志愿者被告知跟着向导走就可以了，没有提供村庄的名字和路程。刚走出两三公里，有人就开始叫苦，又走了一段时间，有人愤怒了，到底要去哪里？为什么要走这么远的路？何时才能到？有人甚至坐在路边不想继续参与了，他们的情绪越来越差，坚持到最后的寥寥无几。

第二组志愿者，他们知道村庄的名字和路程，但路边没有标识，只能凭经验来估计自己走过的路程。他们觉得越走越累，似乎还有很长的路程，直到过了3/4的距离，有人喊快到了，大家才重新振作起来。

第三组志愿者，他们不仅知道村庄的名字和路程，公路旁边每1公里还有一个里程碑。他们一边走一边看里程碑，每走过1公里，大家就欢呼雀跃，在一步一步地朝着目标行进中，不知不觉就到达了目的地。

上述实验中的三组志愿者，类似于工作中的三类员工：一组类型的员工没有目标，不知何去何从；二组类型的员工目标模糊，做事茫然；三组类型的员工目标清晰，方向明确。这样的差异，带来的是截然不同的结果。

所以，从管理者的角度来说，首先你要明确目标是什么，每天为什么而忙碌，你的下属，他们是否清楚自己的目标。这些问题搞不清楚，就会出现茫然、盲目和忙乱的现象。而目标管理，可以帮助你解决这些问题：

可以使上下积极主动的协作，为达成目标努力工作。

可以让员工了解自己应该做什么，怎么做，做到什么程度。

可以激励员工内在的积极性，避免盲目。

可以增强部门的凝聚力。

可以作为员工业绩考核的依据。

在这个过程中，你的任务就是：明确业绩目标；监控实际目标；完成团队目标。

思考 为什么要进行目标管理？目标实验得到了哪些启发？

第 46 封信　正确描述目标

这封信里，我们聊一聊怎样正确描述目标，从而让目标更加清晰。

我在给管理人员培训时，问到你的工作目标是什么时，大家似乎都知道，可是让他表述出来，就含糊不清。不少管理者不能够准确地把目标描述出来，或者模模糊糊，或者把愿望视为目标。那么目标要怎么描述才能清清楚楚呢?

按着目标可否量化,可以把目标分成两类,一类是可以量化的目标叫定量目标,一类是无法量化的目标叫定性目标。

定量目标应具备几个条件,通常要符合SMART原则(Specific,Measurable,Attainable,Relevant,Time Bound)即目标要具体明确、可以度量、可以达到、有相关性、有时间期限。其中除了相关性,其他四个比较容易理解,这里的相关性有三个基本的相关,即部门目标和公司目标相关;员工目标和部门目标相关;员工目标和他的岗位相关。

这个基本原则,也适用于我们生活中的个人目标。有一位朋友体重严重超标,比标准体重整整多出20公斤,见面时总是不忘说一句:"我要瘦身!"可每次见到他,都觉得比前一次见面时肚子还要鼓,他好像看出了大家的心思,忙为自己打圆场:"我最近瘦了一点点。"

这位朋友的体重之所以减不下来,一方面和他的意志不无关系,另一方面还有重要的一点,是他口中的"瘦身"不能称其为目标,那是他的心愿。"瘦身"很笼统,不具体,不能衡量,也没有时间节点,所以就不可能瘦下来。对"瘦身"目标正确的描述是:到今年年底(半年)减少体重4公斤。至于怎么减,具体的措施要体现在行动计划里。

在工作中能够量化的目标，一定要养成这样的习惯，其目的是让目标更加清晰和明确。有一位朋友，在企业里负责安全生产，他对自己的工作目标是这样描述的："提高全员安全意识，加强安全生产管理！"这话虽然没有错误，但不好实现，是一句无法落地的标语，而不是目标。是目标，就一定要能够落地。用SMART原则描述这句口号的话，正确的表述是：到年底之前，全员参加一次安全培训和消防演练，考试通过率100%，安全事故为零。

另外，还有一类目标是不好用数据来衡量的，只能定性。定性目标一般是用叙述性语句描述，至少要清楚两点，一个是时间，一个是要做的事，也就是到什么时间要完成什么事。做任何事情，只有明确的时间限定，才会产生紧迫感，没有时间限定的工作，就不能称其为目标。定性目标的描述举两个例子：

例子1：年内制订新的考核制度

例子2：10月底之前完成公司文档管理规范化。

如果公司出台了文档管理规范化的标准，那么这个目标也可以用标准去衡量。

思考 近半年你的定量目标和定性目标是什么？怎样清晰描述？

第 47 封信　运用行为通则

在这封信里，我们聊一聊人有哪些行为通则。掌握和运用这些通则，对你的益处是可以让下属们在做事的时候产生方向感、参与感、承诺感、责任感、公平感、认同感、成就感等等，从而促进目标的实现。

在日常生活和工作中，若能用心观察和体会，处处可以是道场，可谓事事洞察皆学问。不知你是否打过保龄球，把保龄球这项运动和目标管理联系起来，至少可以得到以下三点启发：

第一，十个瓶子整齐地摆放在保龄球滑道的另一端，目标非常清楚。

第二，不管打出怎样的成绩，记分显示屏上第一时间给予反馈，立刻出现结果。

第三，十个瓶子全部打中有一定的难度，但只要判定方向、找准方法，就能够全部打掉。也就是说目标既有挑战性，又可以达到。而这项运动，其实也运用了一些人的行为通则。那么，人的行为有哪些通用原则呢？归纳起来有以下几项：

1．如果人们知道自己预期的工作目标，他们的工作会更有效。

这个通则要求管理者在目标管理的过程中，一定要让下属清楚工作目标，有了目标感和方向感，员工才能更有效地工作。

2. 如果人们参与目标的制订，他们对目标就会有承诺的感觉，从而会更积极地完成预定的目标。

自上而下的目标分配往往是被动的，你要让员工参与目标的分解，让下属自下而上地提出自己的目标，然后根据整体情况再进行调整，这样做可以让下属获得参与感、承诺感和责任感。

3. 如果人们了解他们业绩的评价方法，并正确评价他们，将有助于目标的认同和完成。

你的下属，他们明确业绩的评价方法和评价标准吗？只有清楚这些，才能照着标准去衡量，也才会对目标产生公平感、认同感和激励感。当然，首先你自己一定要清楚，这样才能指导下属。

4. 如果人们对所要完成的成果感到很有价值，并认为可以完成，则更会激励他们去完成。一方面你要鼓励下属，让他确信自己能够完成任务，另一方面要赋予工作动机，让下属明确工作成果所带来的意义和价值，这样能够激励下属努力去完成目标，从而获得自信感和成就感。

把这些行为通则运用到目标管理中，真正让下属感到有方向感、参与感、承诺感、责任感、公平感、认同感、成就感等，只有这样，才能更好地完成团队目标，下属才能对团队产生归属感。

思考　在目标管理中，怎样运用人的行为通则？

第 48 封信　你的目标与下属目标之间的关系

在这封信里，我们聊一聊你的目标与下属目标之间的关系。了解上下目标之间的关系，一个是有助于把握全局，另一个是便于及时调整。

说到上下级目标之间的关系，有些管理者认为下属的目标就是把自己的目标拆分成若干个子目标，然后分配给他们。其实，你下属的目标，并不是简单拆分你的目标，确切地说，是把实现你的目标的方法和手段具体化，就成了下属的目标。为便于理解，现在用一个关系图做个展示：

上司与下属目标之间的关系

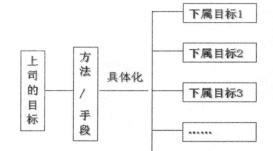

这就要求你在给下属进行目标分解之前，首先要清楚团队和自己的目标怎样达成，以及达成目标的手段、措施和方法有哪些。换

句话说，你要先布好目标分解图，分析一下完成目标的必要条件有哪些，然后竭尽全力去创造这些条件。

思考 上下级目标之间的关系是怎样的？

第 49 封信 给下属分解工作目标的方法

在这封信里，我们交流一下怎样给你的下属进行工作目标的分解。

给下属进行目标分解的前提是你首先要非常清楚自己的目标和团队的目标。在培训时，通过课堂练习发现很多管理者的这项工作做得不到位，甚至不太清楚分解目标的方法。有的学员还没有进行目标分解，就进入了PDCA（Plan，Do，Check，Action）循环。目标都还没分解和落实，依据什么开始做计划呢？不难想象，他们的工作状况是什么样子的。

工作目标的分解十分重要，是目标管理的重要一环，这一步实施好了，下属才清楚自己的目标，而你也才能进入计划-实施-检查-行动的循环，也就是PDCA。

对于你这个层级的管理人员，基本没有权利自己拟定本部门和团队的目标，你的目标通常都是自上而下的，也就是你要接受公司或上一级领导分派下来的目标，几乎没有调整的余地，而这样的目标分配方式会让员工比较被动，所以给你的下属分配目标时，为了减少被动，你要体现自下而上的参与原则。

现在就一起来看看怎样给下属进行目标的分解。

1. 向下属说明团体和自身的工作目标

你要先弄清楚自己和团队的目标，然后通过会议的方式向团队成员传达。因为这项工作非常重要，大家一起坐下来面对面的沟通会更有效。

2. 让下属草拟自己的工作目标

目标管理中有几个基本原则，除了前面已经提到过的SMART原则外，还有期望的原则或循序渐进的原则、参与的原则、明确标准的原则等。

其中，参与的原则又包括自上而下和自下而上两个途径。自上而下是指目标从上往下进行分配，自下而上是由下属拟定后向上提交。这一步的目的是要体现参与的原则。

3. 与下属讨论工作目标

在这个环节，你会发现有这样的现象：不少下属给自己拟定的目标比你计划给他分派的任务要少，少一点也就罢了，有的还差了不少。不管结果怎样，你都要跟每个下属进行1对1的面谈，一定是1对1，这样才有利于目标的调整。

4. 确定工作目标协议

经过上面第三步的调整，双方都同意了就可以签订工作目标的协议，这个协议类似承诺书，也是考核员工的重要依据。

5. 明确目标考核的标准

一定要让员工清清楚楚地知道，你是依据什么对他们进行评价和考核，这些标准是员工完成工作任务的尺度，不可以任意更改，同时要提醒员工参照执行。

在完成目标分解这一重要工作之后，你才可以依据目标，制订实施的计划。

思考：怎样给下属进行工作目标的分解？

看一思考 怎样给下属进行工作目标的分解？请写出具体的方法。

第 50 封信　目标管理的流程

在前面的信里，我们聊过目标管理的意义；正确描述目标的方法；给下属分解目标的步骤；以及在目标管理中怎样运用人的行为通则等。在明确这些内容的基础上，这封信我们对目标管理做个归纳或小结，梳理一下目标管理的流程和步骤。

第一步，明确部门目标和你自己的目标，并参考目标分解的方法，给下属进行目标分解，让每个员工清楚自己的目标是什么。

第二步，制定目标体系图，并让每个下属明确衡量标准。

目标体系图是很好的一个工具，它有很多好处，比如，可以一目了然地知道整体目标的分解情况；便于管理者把握整体目标及调整；员工可以在体系图中找到自己的位置；可以感受自己对团队的贡献等。制作方法参看下图例子：

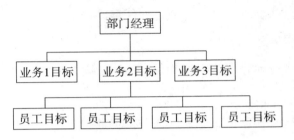

第三步，制订目标管理计划。

在明确目标的基础上，制定目标落实的计划，找出落实的具体方法，并确保计划能够落实。

第四步，实施目标管理的计划，落实计划的各项工作。在这个过程中，一定要注意以下十个词，并且要运用好它们：

控制和跟进；检查与确认；协调与协助；指导与改进；评价和反馈。

具体内容我们在下封信中继续交流。

第五步，根据标准考核执行和落实的成果。

你要对下属的工作成果进行评价，就一定要对公司的考核标准了解清楚，通过对照标准，看一下哪些员工是做得好的，哪些还有差距和不足。

第六步，追踪及检查未达成原因，发现及改善异常现象。

在明确目标的基础上，目标管理就是要坚持PDCA的良性循环。

思考▶请梳理一下目标管理的流程。

第 51 封信 目标管理的要点

这封信我们聊一聊在工作目标的管理过程中，你需要注意什么，或者说目标管理过程中，你要留意的要点有哪些。当然，这些都是基于明确目标和分解目标的前提之下，否则没有意义。

我们提倡工作管理要以结果为导向，这个没有错误，因为过程再漂亮，没有结果就等于做了无用工。从成本管理的角度出发，企业也不可能让员工不断试错，或者不断出现错误和不理想的结果，这些都会导致管理成本的上升。所以，你要考虑这个问题，在以结果为导向的前提下，为了得到所要的结果，你要采取哪些措施和方法，怎样进行目标落实过程的管理。其中，控制和跟进、检查与确认、协调与协助、指导与改进、评价和反馈都是你需要注意的。

1. 控制和跟进

进行控制的具体方法，在后面的信件里我们再具体交流，在这里先举个例子。有一家高科技技术型公司组织了中基层管理人员的培训，之前主管培训的领导向我介绍了他们公司管理人员的情况：整体而言，员工对公司的敬业度、工作的积极性、工作状态等都不错，他们都是技术型的管理者，自己做事没有问题，但突出的问题是缺乏管理的方法，不得要领。就在上个月发生了一件事，一位主管把一项任务交给了下属，这是一个大项目中的一小块工作，要下属完成一份技术性文件，期限是三个月的时间，工作要求是一边实验一边做数据记录和整理。主管觉得这个工作并不是很难，加上自己也比较忙，中间一直没有进行管控和跟进，等到三个月工作验收时，才发现数据全盘错误，而这个错误，带来了整体项目进度的延迟，给公司造成了近100万的经济损失。

希望你能够引以为戒，在工作中不犯类似的错误。

2. 检查与确认

如果目标完成的时间期限比较长，就可以对工作任务进行阶段性划分，对每个阶段及时进行检查和确认。如果因为某些原因，工作任务没能完成，但要做到的是至少前面已经做过的部分是没有差错的。在培训时，我经常发现不少管理人员完不成课堂布置的任务，而检查他们已经做过的部分，也是错误百出，根本没有进行检查和确认。这时，善于找借口的学员就会寻找所谓合理的理由推脱：时间不够；组员不配合；任务太重了；条件不充足等等。这种从外部找原因的习惯，会让人丧失自我反省能力，而不会自我反省的人，是无法自我改进的。

在日常生活中，不检查不确认也会犯低级的错误，诸如出门没带钥匙；去机场忘记携带身份证；取钱忘带银行卡；电脑、电视机顶盒通宵未关等等。养成检查和确认的习惯，就能避免类似的问题。

3. 协调与协助

在目标管理的过程中，进行上下左右的协调和相互协助是必不可少的，有的目标看似独立，其实都是有内在关联性的，只有团队成员之间积极配合、相互支持和协助，才能更好地完成工作目标。

有关协调的方法，我们在后面的信件里继续交流。

4. 指导与改进

有的员工遇到问题，不是第一时间寻求你的帮助，而是依自己的想法去处理。有位负责结构设计的经理，分享过自己下属的例子。他安排一位下属画结构设计图，这位员工在不明确岗位操作规范的前提下，擅自更改数据。后来员工承认，说自己以前没有接触过这样的设计，以为改一下数据就可以。好在这位经理经过检查及时发现了问题，并对员工进行了指导，最终完成任务。

5. 评价和反馈

在完成工作目标的过程中，你能否给予下属正确的评价和及时反馈是非常重要的。正确的评价，一方面可以让员工客观地了解自己做事的程度和结果；另一方面，也可以找到自己不足的地方。而从你的角度，如果自己都不太清楚，就不能胜任"评委"的角色。

思考 在目标管理过程中，需要注意的要点有哪些？

第52封信 提高下属工作业绩的方法

这封信，我们聊一聊作为上司，怎样提高下属的工作业绩。

在所有的信件里，我们所探讨的所有问题，出发点都是从管理者的角度切入的。就"如何提高员工的工作业绩"这个主题，如果从企业的角度去说，这是一个庞大的系统工程，说得直白一点，企业经营的一切活动都是为了提升工作业绩来展开的，继而实现公司可持续发展，所以要做大量的工作，比如，明确企业用人的标准；持续进行人才开发和培养；建立完善的考评机制；提供公平竞争的平台和环境；创造积极向上的企业文化氛围等等。之所以不从企业的角度去展开和交流，是因为你是企业的执行者，上述这些工作是从公司和高管以及人力资源等部门需要去考虑的，对你而言，在现阶段，首先要做好的是明确自己的定位，尽快熟悉所负责的业务和职责，在公司现有的平台上，怎样更好地发挥自己的作用。

需要明确的是，这并不意味着让你只要闷头关注自己管辖的业务，而对其他的工作可以事不关己、不闻不问，你要完成好所负责的工作，就必须熟悉公司的有关政策、规定和制度，熟悉公司的企业文化。如果有好的建议和想法，可以通过正当渠道向上反映。在提出建议时，心态一定要摆正，不管采纳与否，决定权不在你的手里，提不提是你的问题，采不采纳是领导的问题，无论结果如何，都应予以尊重。

那么从你的角度，怎样帮助下属提高业绩呢？这个部分可以参考前面我们说过的员工业绩不佳的原因，从那些原因入手，从你力所能及的工作开始。在日常工作中，你要做到：

1. 让员工清楚自己应该做什么，怎么做？

让每个下属清楚自己的工作是什么，以及做事的方法。在下属遇到问题时，随时提供有效的帮助。

2. 掌握工作的流程和方法

要梳理部门多项工作的流程，并通过培训和指导，让下属明白做事的规矩。有的员工会按着自己的习惯方式做事，违背工作操作的流程，你要及时发现和纠正。

3. 明确衡量的标准

标准是衡量好坏的尺度，也能让员工明白做到什么程度才是正确的，而梳理标准时，能够量化的也要尽可能量化，这样就更容易衡量。

4. 正确评价下属的业绩

受到上司不公正的评价，这对下属是较大的打击，甚至会严重挫伤下属的积极性。下属善于跟你沟通固然好，但有的下属不擅长这个，你不能因为这样的差异就喜欢前者，而忽略了后者。每个员工都有自己的特点，对下属的评价一定要做到公平、正确。

5. 加强沟通，及时发现问题

时常与下属进行沟通是管理者很好的工作习惯，人与人之间缺乏沟通就会慢慢疏远，小问题越积越多，久了会就演变成大的问题。

6. 养成写工作日志的好习惯

每天要做什么，重点有哪些，出现了什么问题，是什么原因造成的，是否得到解决，是怎么解决的……工作日志也是发现问题的工具之一，同时，在评价下属的时候也是参考的依据。

思考 怎样帮助下属提高工作业绩？

第 53 封信　工作标准和要求

这封信，我们聊一聊企业有哪些共性的工作标准和要求。

在目标管理和完成工作任务的过程中，一定要让下属明确工作的标准和要求，因为标准是衡量做事好坏的尺度。不同的企业，标准会有些差异，但下面的这些标准基本是共性的，你要结合你所在的企业要求，把每项标准都落到实处。

1. 对质量的要求

我们常看到一些企业的标志性口号：质量是企业的生命！而说到质量，人们通常想到的是产品的质量、服务的质量、工作的质量、管理的质量、经营的质量等等。其实，要保障这些质量，首先要保证的是"人的质量"，换句说话，也就是员工队伍的素质。所以，你在注意管理工作质量的同时，一定要注意培养下属良好的工作习惯。

2. 对数量的要求

确定数字可以衡量工作的量，比如产量、销售产品的数量、拜访客户的人数、银行储蓄的金额等等。你要清楚自己以及你的团队应该要完成的工作量，再根据手里掌握的资源进行合理的安排。

3. 对期限的要求

任何工作都有时间的限定，没有期间的工作就不能称其为目标。我们知道时间是不可再生的资源，它没法储蓄、没法借用、没法复制、没法买到，时间就是我们的生命。怎样抓住有限的时间更高效地做事，是你始终要考虑的问题。

4. 对成本的要求

企业不同于福利机构，只有创造利润，或说得更直白一些，只有赚钱，才能持续发展，而赚钱，非常重要的一点就是成本的控制和管理。以火爆的电商为例，比起开设实体店，在网上开店成本要低很多，至少不需要支付实体店的租金；不需要租赁很大的储物仓库；不需要雇佣很多的人力等等，因此，吸引了大批的创业者。

同样，企业为了创造效益和利润，对成本都有明确的要求和规定，而能否盈利，决定了一个企业的管理水平。诚然，你无法决定你所在的企业的管理水平，但作为管理人员，你可以做到努力遵守有关的规定，在工作中做到避免返工，一步到位。

5. 对安全的要求

这里说的安全，除了员工的人身安全外，还包括客户的安全、信息保密以及技术的安全等。有家企业的几名技术人员，窃取公司的核心技术集体离职，给公司造成了巨大损失。在工作中，你要多方留意，随时查看是否存在安全隐患，一旦发现就要及时消除，避免给员工、顾客和公司带来损失。

6. 对顾客满意度的要求

企业存在的根源是因为拥有顾客。作为员工要清楚自己代表的不是自己，而是企业。我曾有一位同事去某银行取钱，ATM等候的人不少，索性到大堂等候柜台办理，夏季穿着裙装没有衣兜，她就问收银员能不能给个纸袋。要是没有，说声抱歉也就罢了，结果，那位柜台服务员的回答让我的同事很不满意：我们每天接待那么多人，谁还专门给你们准备袋子？没有！她回来跟我们讲，以后不会去那家银行了，把现有的钱也全部转了出来。

也许你会觉得这是服务行业的例子，他们可以面对面接触外部的顾客，而自己所在的企业是制造行业，大多数员工没有机会接触外部顾客。没错，但如果我们生产时操作不认真，产品达不到顾客要求，结果同样会很惨。而要让顾客满意，上面的这些标准和要求必须遵守。

7. 对工作方法的要求

工作的方法包括步骤、程序、工具等，选择正确的方法才能带来事半功倍的效果。如果工作方法发生了改变，要第一时间进行指导和培训。

思考 公司有哪些工作标准？怎样让下属明确工作的标准？

第 54 封信　制订计划的 5W2H 原则

这封信我们聊一聊制订计划的5W2H原则。

5W2H是做事的基本原则，管理者不管做任何事情，都要把它装到脑子里，灵活地加以运用。先看看5个W和2个H指的是什么。

1．why：为什么？目的是什么？原因是什么？目标要达到何种程度等？

2．what：做什么？是什么？明确轻重缓急，哪件事最重要。

3．where：在哪里？什么地方？由哪个部门负责？

4．when：什么时间？何时开始，何时完成？分成几个阶段？各阶段的时间节点。

5．who：什么人？谁？责任者是谁？谁来协助他？谁来指导他？有没有可以候补、替换的人？

6．How：方法是什么？工具、设备、步骤、要领、可能遇到的困难或障碍。

7．How many：需要多少资源？需要多少资金？有多少事情、困难、问题？

5W2H的原则不仅仅可以用于计划的制订，在日常生活中也可以用到。几天前，有朋友来家里做客，我们聊到做事的条理性，朋友好一顿自责，说自己做事总是忙忙叨叨的，时常犯低级错误。她说就在前两天自己去首都机场接人，人家是从美国飞来的，以往都是抵达首都机场3号航站楼，所以自己就想当然地认为这次也不例外，只问了到达时间就直奔3号航站楼，结果路上堵车还去晚了，等急匆匆地赶到国际出站口，左顾右盼也不见人影。再一打听，原来，这次人家乘坐的那架飞机是降落在2号航站楼的。难怪她说自己犯低级错误，怎么就不确认一下到达的地点（where）呢？

所以，我们在学习的时候，包括学习管理的知识和技能，如果能做到融会贯通，学以致用，就会带给我们更大的帮助。

思考 怎样运用5W2H的原则？

第 55 封信 按工作目标进行分类的计划

在前面的几封信，我们聊过与目标有关的话题，现在来聊一聊计划。

《孙子兵法》中有句话叫"谋定而后动"，意思是谋划准确周到而后行动，说明了计划的重要性。

目标和计划是不可分割的整体，如果说目标是做事的方向和所要达到的结果，那么，计划就是达成目标的手段、措施和方法。只有目标没有行动计划，这个目标就只是一个愿望或梦想而已；有行动计划却没有明确的目标，那这是一种浪费宝贵时间的折腾。当然，即使有行动计划，如果不行动，那么这一切都是空谈，没有任何意义。

计划的分类有几种不同的方法，比如按不同的层级可以分为战略计划和操作性计划；按不同职能可以分为人力计划、财力计划和业务计划；按时间的长短可以分为短期、中期和长期计划等。在这里只说一个你必须要了解和掌握的计划分类方法，那就是按工作目标的不同来划分的计划，以及完成这些工作目标的操作重点。

按照工作目标的不同，可以把你的工作计划分成三大类：

第一类是例行型工作计划。

这类工作变更性不大，是一些常规的日常工作，比如部门例会、例行的工作检查等，它的操作重点是要设定有效的规程、规范、标准等，并且要让下属们熟知和遵守。

第二类是解决问题型的工作计划。

完成工作的过程其实也是解决问题的过程，工作中随时会发生一些意想不到的问题，而解决问题最关键的就是查找真正的原因。在《吕氏春秋》中写有这样的两句话：夫以汤止沸，沸愈不止；去其火，则止矣。其含义是解决问题时，要着重消除引起问题的根本原因。

第三类是达成型目标的工作计划。

达成型目标就是公司考核你的那些目标，也就是你肩上扛的任务指标。这类工作目标的操作重点是你要进行认真分析，看一下这些目标在什么样的条件下能够达到，然后尽最大努力创造这些条件，这些条件都创造出来了，目标也就基本达到了。

所以，我们不论做什么事，都要讲究方法，方法对了才能事半功倍。

思考 怎样按不同的工作目标对计划进行分类？它们的操作重点是什么？

第 56 封信 依据工作目标制订计划的工具

在前面的信里，我们聊过根据不同的工作目标可以把工作分成三大类，即：

一是例行型工作计划；二是解决问题型的工作计划；三是达成型目标的工作计划，这封信则提供三个工具供你参考。

1. 例行型工作计划

本周计划	下周计划	备注事项
已完成事项：	计划事项：	
未完成事项：	特别事项：	
问题点：	上司意见：	

2. 解决问题型的工作计划

现状	原因	目标	措施（对策）	负责人	时间

3. 达成型目标的工作计划

目 标	措施（对策）	负责人	时间
目标一			
目标二			
…			

除了上面的计划工具，还可以并用甘特表，该工具是为了纪念发明者甘特先生而得名的。它是以图示的方式，通过工作列表和时间清晰地表示出某项目的工作顺序与持续时间，以及工作的进度。开始的时候，你可能不大习惯使用这些工具，但养成习惯之后，会发现这些工具可以帮助我们梳理思路，寻找方法。

工作内容	负责	月份												备注
		1	2	3	4	5	6	7	8	9	10	11	12	
1.														
2.														
3.														
4.														
5.														
……														

例子：　某新产品上市进度控制工作表

工作内容	负责	月份												备注
		1	2	3	4	5	6	7	8	9	10	11	12	
1.提出新产品价格方案		←——→												
2.产品制作型号				←——→										
3.Sales Aid制作				←——→										
4.销售指引制作				←——→										
5.业务人员培训							←——→							
6.新产品发表会								←——→						
7.销售奖励办法公告					←——→									
8.服务手册制作					←——→									
9.技术服务培训							←——→							
10.新产品广告计划									←——→					
11.经销商促销活动										←——→				
12.新产品推出市场											←——→			

思考 怎样运用制订计划的工具？

第 57 封信　推进部门工作计划的要点

这封信我们聊一聊怎样推进部门的工作计划，以及推进部门计划的要点有哪些。

计划是实现目标的开始，合理的行动通常是依据计划（Plan）

→ 实施（Do）→ 检查（Check）→ 行动（Action） 过程进行的。简单地说，PDCA的内容分别包括：

在推进你的团队工作计划时，可以参考以下的做法：

1. 邀请下属共同参与计划。

团队的工作任务务必要大家一起完成，而邀请下属参与计划，是最好的方法之一。

2. 事先与相关人员协调，取得协助承诺。

3. 计划执行时的责任是否明确？

4. 有哪些不可控因素？

这是对管理者提出的一个比较高的要求。如果出现了一些不可控的因素，应该怎样去应对。比如政策的变更、客户需求的变化、市场环境的变故等。

5. 需要哪些资源？

一个好的管理者，同时也是一个好的规划者，在明确目标的前提下，你要依照上述步骤，树立和推进你的工作计划。

思考 推进部门工作需要注意什么？

第 58 封信　做好工作计划的管理

　　这封信我们聊一聊工作计划的管理。

　　工作计划的分类以及制订的方法，我们在前面的信件里已经说过。比起制订计划，落实和实施计划则是更难的。为什么有了计划却不能落实到位？有人习惯找客观原因，会议太多，领导干预，意外事件……这可以理解，但除了这些客观原因以外，你自身有没有问题？做事拖延、计划太满、想问题不周全等等。为什么拖延？因为我们的大脑习惯做简单的事，不愿意走出自己的舒适区域，因为那么做是要付出代价的。有朋友说自己玩儿游戏不会困，一看书就像吃了安眠药。我们的大脑往往不够理性，或者换句话说，理性大脑远远不及情绪大脑，情绪的力量太强大了。我们知道坚持是一个好习惯，但往往被即刻得到满足的心理倾向所诱惑，我们或多或少都有这样的惰性。

　　因此，在制订出工作计划后，一定要对落实的过程进行管理，至少做到三个及时：

1. 及时跟进

　　在说到目标管理的要点时，曾提到过十个词，即控制和跟进、检查与确认、协调与协助、指导与改进、评价和反馈。这些做法在实施计划过程中同样适用，它们是一脉相承的。

2. 及时处理

在计划实施过程中，肯定会出现一些问题。出了问题，要及时进行处理，哪怕认为是很小的事也不能疏忽，对所谓小事的态度决定了不同的工作成果。有两个等式就是很好的证明：

（1）1.01的365次方=37.78

（2）0.99的365次方=0.026

按365天计划，每天进步0.01和退步0.01，1年之后那是天壤之别。

3. 及时调整

工作计划不是一成不变的，如果计划与实际有偏差，要结合实际情况及时进行适当的调整。说到计划，有人常常找借口，认为计划不如变化快；做计划是浪费时间。其实，做工作计划的目的是为应对变化的，换句话说工作计划是为变化服务的，有了计划，出现变化时才能及时做出调整。

需要提示的是，做计划时要留有一点余地，这样出现了计划之外的事也不至于全盘打乱。

思考 在计划实施过程中，怎样对计划进行管理？

第六章

做好工作控制与协调

LETTERS

　　在做好角色定位和自我管理的前提下，管理者有两大管理对象，即人和事。要完成工作目标，把制订的工作计划实施下去，控制和协调这两个管理职能是必不可少的，这也是管好"事"的必要手段和方法。本章围绕控制和协调这两个关键词，从工作控制的阶段、方法、着眼点、注意事项，以及工作协调的方法等，给管理人员提供了行之有效的具体方法。

第 59 封信　什么是控制？

这封信聊一聊什么是控制，工作控制的目的是什么。

先来看一个例子。有次培训，有位中层管理者和其他学员分享了他的经验教训，他说自己以前常常以工作忙为由，控制这项工作做得很不到位，甚至这个意识也比较缺乏。有个项目交代给下属之后，中间没有进行管控，结果遭到惨痛的教训，按项目协议，交付期已到，但工作质量漏洞很多，根本无法交差，而客户又恰恰是不通情理之人，丝毫没有缓冲的余地，最后是赔了夫人又折兵，缴纳了违约金，又丢掉了大客户。不仅如此，这个客户还把这种不满到处去说，本来有潜在客户，也因这个事件丢掉了。

类似的案例在组织管理中时有发生。一个管理者，如果头脑中缺少控制的管理职能，就不太关注做事的过程，而只关注结果，往往就达不到我们所期望的结果。因此，一定要对工作进行有效的控制。

那么，什么是控制？为什么要对工作进行控制？控制能带来哪些好处？

提出管理的五大职能的鼻祖法约尔，曾这样描述控制的定义："在一个企业中，控制就是核实所发生的每一件事是否符合所规定的计划、所发布的指示以及所确定的原则，其目的就是要指出计划实施过程中的缺点和错误，以便加以纠正和防止重犯。"而要纠正偏差，就要有比较的标准，通过衡量的标准与实际绩效之间的差异来采取纠偏的措施，包括预估可能会发生的问题，并预先采取对策。工作控制的目的，用一句话概括，就是纠正偏差，达成目标。

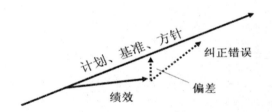

在日常工作中如果不进行控制，也会出现诸多问题。有家企业厂区绿化做得很漂亮，可是走进那家企业，会时不时发现地上有乱丢的烟头和吐痰的痕迹，在植物丛中也时常能看到丢弃的饮料瓶、易拉罐等异物。这种不良现象有几个方面的原因：一是公司培训力度不够；二是员工没能养成良好的职业习惯；三是公司和管理层控制管理做得不到位。

对管辖的工作进行有效的控制，是提高工作绩效必需的手段和方法，它会带来很多的益处：

◇确保进行的工作能够达成预定的成果。

◇提早发现实际执行与计划之间的差距，及时采取改正对策。

◇及时发现问题，防止错误的发生。

◇可以获得工作的主动权，避免被动状态。

此外，还要明确控制的任务，是为了工作的开展能够保持正常状态，及时修正偏差和错误；控制的对象是你的部门和你的下属，对其他部门的员工你没有控制的权限；而控制的手段，则是靠管理的职责，运用的是职位赋予你的管理权限。把这三者进行整理，可以参看下列示意图：

思考　怎样理解控制的管理职能？

第60封信　工作控制的基本原则

这封信聊一聊工作控制的几个基本原则，以及控制的注意事项。

做事要遵循一些基本的原则，工作控制亦是如此。工作控制需要注意几个基本原则：

1. 及时性原则

有家银行的客户经理遭到了一位顾客的投诉，原因是这名客户经理为了完成贷款任务，擅自用顾客的名字做担保，而被担保的贷款人因没有遵守承诺，未按时支付贷款金额和利息，牵连到了做担保的顾客，事情才暴露出来。由于主管领导未能及时审核、及时确认、及时发现问题，让这名顾客蒙受了信誉不良的耻辱，而银行也因此遭到了顾客的投诉和信用危机。作为客户经理，想完成目标的心情可以理解，但不择手段，用违规的做法导致两败俱伤，作为管理者，不能不认真反省。

2. 有效性原则

还是引用上面的例子，那家银行负责该项业务的管理人员事后承认，他们对贷款申请是做了审核，算是进行了控制，但没有发现漏洞和伪造的签名，控制失败无效。而没有及时发现问题，也就无法有效处理。有效性原则强调做事不能敷衍了事、做无用功，要讲究方法，避免发生不该出现的错误。

3. 灵活性（适度）原则

控制不到位或控制过紧，都会带来一些问题。工作控制不到位带来的后果是：

◇下属会违反规定。

◇工作延迟。

◇发生事故障碍。

◇效率降低、发生浪费。

◇不能确保正确、快速。

而工作控制的过紧，同样会带来负面的后果：

◇降低下属的自主性、积极性。

◇建议、提案减少，抱怨增多。

◇缺乏朝气、阳奉阴违。

◇有掩饰错误、事故等欺骗行为。

◇看上司脸色，对上司反感。

◇会成为依赖型的下属。

因此，控制要把握一个度，过松或过紧都会造成适得其反的结果，要适当和灵活。

4．整体性原则

管理工作是一项系统工程，有时牵一发而动全身，哪个环节出了问题，都有可能会带来牵连和影响。因此，进行工作控制时要考虑该项工作的整体性和全局性，不能只考虑点而忽略了面。

5．预见性原则

有一次和一位人力资源部经理交流培训需求，他希望给他们的中层强调做事的预见性，他举了一个例子：上半年公司组织过一次户外互动，类似于拓展项目，之前虽然看过天气预报，但活动当天天公并不作美，下起了大雨，而除了质检部门的员工，大家都变成了落汤鸡，有的员工还得了感冒。我们好奇，为什么质检部门的员工没有淋湿？原来，质检部经理考虑到以防万一，他让下属备了雨具，还叮嘱员工手持雨伞不方便行动，最好准备雨衣。虽然这不是一件大事，但反映出了这位经理能够未雨绸缪。

对管理者而言，预见性是一个重要的能力，所有问题都不是事发后的处理，而应该做到防患于未然，或把问题消灭在萌芽状态。在进行工作控制时，同样要考虑到发生一些问题的可能性，并事先采取相应的对策。

6. 关键点原则

控制关键点的原则是非常重要的控制方式，它强调的是处理问题要抓住主要矛盾。对管理者而言，时间和精力都是有限的，往往做不到面面俱到，所以需要分清主次，把主要精力放在关键因素的控制上，这样就容易掌握整体状态和事情的进展。只要抓住重点，就能带来事半功倍的效果。

工作控制必须与工作计划、标准和公司的要求相适应，离开这些，控制就无从谈起，或者是做无用功，或者是无效的控制。

☞ 思考 工作控制有哪些基本原则？

第 61 封信　工作控制的三个阶段

在对某项工作进行管理时，你的任务不只是关注做事的结果，还要进行事前的管理和工作过程的管控，同时，对做事的结果也要进行检查和确认，看是否达到了做事的目标。这封信就来聊一聊工作控制的三个不同阶段。

先来看一则故事。扁鹊是春秋战国时期杰出的医学家，他有两个哥哥医术也非常精湛。有一次扁鹊给魏文王看病，魏文王问道："你们家兄弟三人，都精于医术，到底哪一位最好呢？"扁鹊答道："长兄最好，二兄次之，我最差。"文王不解："那为什么你最出名呢？"扁鹊答说："我长兄治病，是治病于病情发作之前。由于一般人不知道他事先能铲除病因，所以他的名气无法传出去，只有我们家里的人才知道。我二兄治病，是治病于病情初起之时。一般人以为他只能治轻微的小病，所以他只在乡里有名。而我扁鹊治病，是治病于病情严重时。一般人都看到我在经脉上穿针管放血、在皮肤上敷药等技法，所以以为我的医术高明，名气因此响遍全国。"

这个故事给了我们很好的启发：在我们做事的时候，要像老大那样，把问题消灭在萌芽状态，问题还没有出现就可以得到根除；要像老二那样，问题刚刚出现，就要及时处理和制止，防止事态扩散；还要像老三那样，问题已经出现，而且比较严重，但能积极面对，并采取有效措施，让问题得到及时处理。

工作控制也可以分成三个阶段，即事前控制、事中控制和事后控制。例如，制造企业都有质检部门，如果生产之前和生产过程都做好了管控，质检部门就不需要存在了。但在实际工作中，由于多种因素，一线人员生产出来的产品质量达不到100%，所以，质检部门在做着事后控制的工作，通过质量检查，防止不合格的产品流入客户手中，这样就可以弥补事前控制没有做到位的部分。

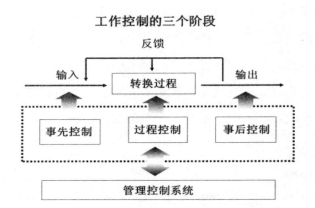

为完成工作任务和目标，事前、事中和事后的控制是管理者必需的管理手段。比如员工培训，事先控制要做到明确培训需求、培训目的、培训对象、培训内容、培训时间、培训地点、讲师选择等；事中控制要做到在培训过程中，确保员工积极参与培训，培训内容与目标有偏差时，要及时反馈给讲师，课程结束之前布置课后作业和思考题等；事后控制要做到让参训者按时提交作业，鼓励他们结合实际工作运用所学，组织专题研讨会分享实践经验和学习心得等。再比如会议管理、安全管理、顾客服务等，都需要通过这三个阶段的控制，如果发生安全事故或遇到客户投诉后，未引起足够的重视，没有及时进行警示、宣传、培训等工作，也就是事发后控制做得不到位，那么，同样的事故还会重复发生。而作为管理者，你的重要价值之一就是防止同样的问题在你的团队里重复发生。

思考 工作控制分为几个阶段？每个阶段的重点有哪些？

第62封信　工作控制的基本方法

这封信聊一聊工作控制的步骤和方法。

在聊到控制的概念时，曾说到控制的目的就是通过纠正偏差，达到目标。而要进行纠偏，就要有一把衡量的尺子，也就是一套对比的标准，通过衡量的标准与实际绩效之间的差异来采取相应的措施，包括预估可能会发生的问题。

工作控制的三个基本步骤是：

1. 确定控制标准

计划和控制是密不可分的，工作计划是控制的基本前提，控制则是计划能否完成的保证。因此，在明确工作目标的前提下，首先要制订工作计划，依据计划建立一套控制的标准，即可以考核的目标体系，包括质量、数量、安全、成本、时间等。比如要做一个项目，用几名员工？需要多长时间？成本怎么控制？质量达标的要求等等。

2. 根据标准，衡量执行情况

根据事前规定的标准进行衡量和评估，通过与标准比较，寻找偏差。如果质量没有达标，就要查找和分析原因，交付期延误了，那是为什么？通过对比标准，及时发现问题。而暴露出来问题往往是现象或症结，要解决，就必须找到根源，这样才能对症下药。

3. 纠正偏差

要找出偏差产生的原因和责任人，并对偏差做出迅速的纠正。出现问题，如果不及时进行处理，就会错过补救的机会，所以，要遵循控制的及时性原则。

在这样的过程中，身为管理者，你还要扮演好检查和监督者的角色，注意以下几点：

第一，抓住控制点，明确分工和责任，及时进行有效的反馈。

第二，信任下属固然重要，但信任不能代替检查，该确认和检查的事项，一定要第一时间进行处理。

第三，日常工作的检查与抽查要相结合，避免"开始轰、中间松、最后空"，帮助下属养成良好的工作习惯，检查和不检查一个样；监督和不监督一个样。

归纳起来，工作控制有以下三个步骤：

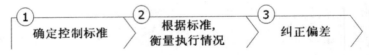

①确定控制标准 ②根据标准，衡量执行情况 ③纠正偏差

思考 请结合自己的工作，梳理工作控制的方法。

第 63 封信　工作控制的着眼点

这封信我们聊一聊在进行工作控制时，你要把着眼点放在哪里，关注哪些方面。

在前面的信里，我们聊过控制的关键点和原则。管理者的工作任务很重，事情也很多，无法做到每件事都面面俱到，因此，要抓重点。进行工作控制时，以下这些关键词是不能疏忽的，这些内容也是完成工作的重要条件。

1. 质量

说到质量，首先你想到的是什么呢？产品质量？工作质量？服务质量？管理质量？经营质量？……这些都没有错，但要保障这些质量，要先保证的是人的质量，换句话说就是员工的素质。

在日常管理中，除了要控制好上面提到的诸多质量外，你要给员工做出表率，做事认真细致、态度端正，并帮助下属养成良好的工作习惯。员工训练有素，保质保量地完成工作任务就有了保障。

2. 数量/产量

"量"是企业考核员工的基本且重要的指标之一，没有完成工作量、数量、产量等，你和你团队的业绩就会受到影响。努力和回报不一定是成正比的关系，只有清楚团队的工作任务和目标，做到全面统筹，不顾此失彼，并且找准正确的方法，才能更好地完成团队的工作目标。

3. 时间

不同的企业，对完成工作的期限有不同的叫法，如交货期、交付期、结点、纳期、工期等，没有时间期限的工作就不能称其为目标，任何工作都要讲究时间和效率。对工作控制时，期限是重要的控制指标。根据事先制订的时间计划，对比实际的工作进度，如果延迟，要深入分析原因，并采取有效的措施，尽一切努力缩短延误的时间。

4. 成本

在日常工作中，如果管理者的脑子里没有成本控制的意识，或者缺乏责任心，他是不会发现问题的，甚至问题在眼前都看不到。有一次去一家企业，分别给他们的班组长、主管、经理、总监等不同层级的管理人员培训，在那里待了八天。第一天就发现楼道的两扇门一扇关着，另一扇一直半开着，当时正值三伏天，外面三十几度，室内的空调开到二十多度。那么多员工出出进进，没有一个人过问，不经意间，造成资源浪费。我问他们为什么开着空调而出入的那扇门一直开着。有员工说门坏了。坏了为什么没人修呢？还有，楼道和洗手间的灯一直开着，楼道比较明亮，不开灯也无大碍，而洗手间有个大大的窗户，白天根本不需要开灯，但这些员工们视而不见，没人主动关灯。这个问题看似不大，但反映出了该企业在管理中存在的漏洞，反映出了员工们责任心的匮乏和主人意识的缺失。成本控制绝不能抓大放小，日积月累，小就会变大，作为管理者，脑子中一定要有成本控制的意识。

经过再三分析和善意的批评，在我离开那家企业之前，那扇门终于修理好了。

5. 安全

安全意识不是事发后的处理，而是事前的防范。这里说的安全不仅是指员工生理上的安全，还包括员工心理的健康和公司信息保安的管理等。因此，在日常工作中，管理者在管理好自己的前提下，还要从多个角度去关心员工。

6. 风险

有位经理，把一项重要的客服工作交给了一位经验不足的下属，希望通过授予下属挑战性的工作，一方面让下属得到锻炼；另一方面能激励下属。这位经理的意图并没错，但疏忽了重要的一点，就是没能预估到如果客户不满意会出现怎样的后果，另外还有一点是以往他们一直合作的前任领导调离了岗位，该部门来了新的领导，而这两位领导的工作风格截然不同。结果，由于这位经理对工作的风险预估不足，客户用其他公司替换了他们，这不但挫伤了下属的工作热情，还因此丢掉了一个重要的客户。

通过上面的例子，我们发现任何工作或多或少都存在一定的风险，所以，在把控工作时，要注意影响因素，考虑问题要从正反两方面去思考，尽可能考虑周全。

另外，员工行为也是管理者需要关注和控制的着眼点。一个人的行为会受到内心想法的支配，如果发现员工行为异常，要及时进行干预和处理。在日常工作中，要认真观察员工的言行举止，与下属进行定期、不定期的沟通，这是了解员工很好的做法。

☞ 思考 工作控制的着眼点应放在哪些方面？

第 64 信　工作控制的注意事项

这封信聊一聊在进行工作控制时，需要注意的"四个不要"。

1．不要威胁下属

工作控制的最终目的是为了完成工作任务，实现团队的目标。当你所带领的团队完成工作目标时，你和下属乃至上司，大家都是受益者。你要让下属明确这一点，在工作中上下相互支持和协助，不能用控制的手段给下属带来威胁和过重的心理负担，为员工营造良好的团队工作氛围。

2．不要对问题过分敏感

在工作中，下属做得不理想或犯错误都是难免的。出现问题时，如果不能保持心平气和，对发生的问题过于敏感，甚至焦虑、急躁，不但使自己身心疲惫，员工的自信心也会受到挫伤。在遇到问题需要处理时，首先要处理和管理好自己的情绪，理性之后才能着手去处理问题。有的问题可以及时指正，有的问题可以汇总和总结一下，在召集部门例会时集中提出改进的要求，不论哪种情况，都要注意方式和方法。

3．不要当众批评下属

要关注员工的心理感受，做到将心比心。下属不是不能批评，而是要注意方式和方法，批评要避开他人是最基本的原则。此外，用"三明治"的方法批评，会有更好的效果。三明治的方法是先肯定对方；再指出问题；最后用鼓励收尾。

4. 不要无休止地检查

对工作进行检查和确认，应该让下属知道你是讲究方法的。定期检查是一种方式，偶尔突击检查也是一种方式，但不能没有节制。一旦引起员工的不适甚至反感，工作就不易开展。

思考 工作控制需要注意什么？

第65封信　协调的含义

这封信聊一聊协调这一管理职能的含义，这也是管理者必须要掌握的职能。

协的繁体字"協"，寓意合力、共同合作。管理的几大基本职能都不是独立存在的，它们相互关联、相互制约、相互促进，比如前面说过的计划，它和控制是密不可分的，控制和协调也是一样，他们既有相关性，也有不同的功能。在工作中，经常会出现各种问题、矛盾和冲突需要管理者进行处理，包括上下级关系、同级之间的关系，以及与外部人员的关系等。如果给协调下个定义的话，可以理解为：管理人员为顺利完成工作任务，对某一特定的问题与有关人员联系，彼此交换意见，并且要保持双方的和谐和一致，相互配合适当，最终共同达成组织的目标。

工作协调的主要目的或者任务是创造有利于实现工作目标的环境；而协调的对象与控制不同，它不仅仅是对下属和团队内部，还包括部门内外、上下左右多个下属；而管理的手段是运用沟通、协调、工作计划和企业文化等。

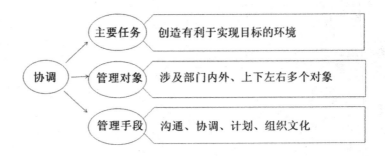

思考 怎样理解协调的含义？控制和协调这两个管理职能的区别是什么？

第 66 封信　工作协调的方法

这封信我们聊一聊出现问题进行协调的方法

在前面我们说到工作中随时会发生各种意想不到的问题，而管理者的价值之一就体现在出了问题如何进行及时、有效地处理。出现问题需要协调时，要理清思路，注意方式和方法，下列步骤，希望能为你提供参考：

1. 了解事实，搞清楚协调的内容。

"没有调查研究，就没有发言权"这句话道破了掌握事实真相的重要性。这是进行协调的第一步，要解决问题，首先要把问题的来龙去脉搞清楚，包括细节，了解和掌握清楚了，才能做到心中有数，不处于被动状态。

2. 明确协调的目标。

在充分掌握事实真相的前提下，第二步要搞清楚的就是通过协调所要达到的目标是什么，只有明确协调的目的和目标，才能朝着这个方向去努力。但有时，我们会偏离做事的初衷，甚至忘记了做事的目标。

3. 选定正确的协调对象。

选择正确的协调对象，会带来事半功倍的效果。例如，协调与其他部门之间的事，就一定要找有话语权和决定权的同事；去和客户谈项目，就要创造机会跟有决策权的主管领导沟通交流。

4. 彼此交换意见，寻求共识。

协调的实质是双方要达成共识。因此，要充分交换不同的意见，在双方都表达之后，归纳共同的部分，而共同的部分越多，分歧就越少，所以，要不断扩大共同点。

甲　共同点　乙

5. 找出分歧，整合目标。

通过第四步，对于双方意见不同的部分，再进一步进行意见的交换。在这个过程中，还要不断归纳共同点。剩下无法达成共识的部分，有五种策略可以选择，这五种策略是合作、强制、让步、妥协和回避。如果不是原则问题，可以让步或者妥协；如果是原则性问题，比如牵扯到公司的有关制度，就要采用强制的方法；有些问题比较敏感，不说大家也是你知我知，而回避不碍大事的话，就可以采用，当然，最好还是彼此合作。

6. 秉持共同负责的态度，商讨办法。

经过上述几个步骤，双方秉持共同负责的态度，一起讨论解决问题的方法，并订立对策，最终需要分工落实的部分，要彼此积极配合落实。

在协调之前，端正处理问题的态度和明确协调的动机很重要，比如协调部门之间的问题，你是抱着协商解决问题的态度去跟人家沟通，还是想把问题推给别人，或者借机去指责别人。所以，在处理问题之前，首先要处理和管理好自己的情绪。

思考 怎样进行工作协调？

第 67 封信　工作协调的注意事项

这封信聊一聊工作协调的几点注意事项。在协调工作时，需要注意以下几点：

1.　正确回应对方

只有正确理解对方的意思，才能做出正面的回应。当不太清楚对方的意思时，一定要及时进行确认，不能主观猜测，也不可加入主观意识。

2.　端正态度

在上封信的结尾，曾谈到过端正处理问题的态度和明确协调的动机很重要，在积极解决问题的基础上，要做到尊重对方，态度坦诚，并明确说出你的期望，如果哪里做得不合适，恳请对方的谅解。同时，还要学会运用"同理心"去理解对方。

3.　注意倾听

倾听是一个人的修养，在对方发表自己的意见和想法时，要集中注意力，认真地倾听。对于不同的意见也能够认真倾听，并能感同身受，说明一个人的修为达到了一定的层次。倾听应有的态度是把说话的人当成王，双眼十分关注对方，心态要一心一意，这就是"听"的繁体字涵盖的意思——聽。

4.　准确表达

除了确认和完全理解对方的意思之外，自己也要做到条理清晰、准确表达。如果对方理解有误，要及时更正，以便获得对方的正面回应。表达时，可以采用"黄金三点论"的方法，例如：我想通过三个方面（或三点）来说明一下：第一，……；第二，……；第三，……。这样的表达习惯，会给人留下有层次、有条理的感觉。

第 68 封信　怎样实现跨部门协作

这封信我们聊一聊怎样和其他部门进行协作与配合。

在工作中，上下级之间可以通过职位的权力进行约束和管控，但部门之间由于缺少权力的制约，加上很多企业部门之间的壁垒很厚，管理者的本位主义又重，导致部门与部门的横向配合不太理想，彼此协调也不顺畅，有的公司这种现象还比较严重。这种局面不但要从公司层面去治理，从管理者的角度，也要做出相应的努力。我们无法左右别人，但自己该做的还是要做到，不能拿那些做得不好的同事做参照。该做的都做了，才能问心无愧。

部门之间的协调与配合，要做到以下几点：

1. 主动服务

部门之间之所以存在本位主义、协作不力，是因为在头脑中，没有真正树立起内部顾客也是顾客的意识。我们往往对外部顾客比较客气，但对内部人员做不到同外部顾客那样一视同仁。而主动的前提条件是放下本位主义，去积极地配合对方。

2. 多恳谈、多联络

在日常工作中，要与本部门业务关联性比较紧密的其他部门处理好关系，创造机会多进行联络和诚恳的交流，除了对自己部门的业务了如指掌外，还要了解其他部门的业务范畴和工作内容，大家彼此了解了，才便于交流和沟通。工作中，有的管理人员常有错觉，总认为自己的部门是最忙碌的，殊不知忙的不只是一个部门，每个部门都有各自的工作任务。

3. 相互尊重

对一个正常的企业组织来说，一定是因岗招人，因业务需要设置一个新的部门。如果因人设岗，或因人设立一个部门的话，这个企业一定是另有原因，或者哪里出了问题。按照企业正常的运作方式，每个部门、每个岗位都是根据业务需要设置的，因此，他们都有存在的理由，部门之间有业务分工和大小的不同，但没有主次之分。有的员工，包括一些管理人员对这个问题的认知出现了偏差，认为一个公司里销售部门最重要，因为他们直接创造价值，但试想一下，销售部门的员工能力再好，如果研发部门不能开发出顾客喜爱的产品，生产部门又不能生产出产品，那么，销售部门去卖什么呢？而这些部门，如果没有行政部门给予后勤保障，他们又怎能顺利开展工作呢？我在三星中国总部工作时，总务部与培训部是邻位，之前，我也曾有过错误的认知，觉得总务部工作杂七杂八的，也不需要太多的技能，但目睹了他们的工作状况之后，我的认知发生了变化，总务部门的工作的确不耀眼，都是做些辅助性的工作，但那些曾经的同事们，他们工作很认真、很辛苦，不管别人怎么认为，他们都义无反顾，做得很敬业。

因此，不论在工作中还是生活中，只有将心比心，尊重对方，才能赢得对方的尊重。

4. 及时处理对方提出的要求

要做到及时处理对方提出的要求，与第一点"主动服务"里所说的观念改变和提升有密切的关系，即能不能把内部顾客真正当成顾客看待。此外，还要进行换位思考，我们向其他部门提出协助的要求时，希望得到立刻处理。作为中层管理干部，完成好本部门的工作是必须的，同时，你也有责任积极协助其他关联的部门，这样做的同时，也能让你的下属学习和借鉴你的做法。

团队的合作包括两个方面，一个打造部门内部的凝聚力，还有一个是跨部门之间的协作与配合。

5. 多付出、少指责

多付出、少指责，可以说是一种品格。有些事你做了，不去解释它就在那里，更不能因为自己付出了就去指责别人。在工作中，部门之间因多种原因，时常会发生一些冲突，或意见和想法各异，这些都是正常的。如果有利于促进问题的解决，多付出又何妨呢？这也是管理者的一种觉悟和高度。

6. 勇于承担责任

关于责任，在前面的信里已经聊过，一个遇到问题就想推脱、逃避、推卸责任的员工，公司是不会给予他重要的岗位的，而责任和权力往往是对等的，权力越大，所承担的责任就越大，不论是从做人的角度，还是从职业发展的角度，都要学会勇敢地面对问题，并承担起相应的责任。既然你是你所在部门的领导，就要对团队的工作负全责。

7. 避免越权指挥

对你而言，你只有指挥自己直接下属的权利，不是例外情况，不能越级或越权指挥，更不能对其他部门的员工指手画脚。非管理层的员工，大多数没有接受过管理类的培训，他们也不太了解组织管理的一些基本原则，虽然你不是他们的顶头上司，但知道你是管理人员，所以，有可能按着你的指令或安排去做，这是越权的行为。当然，这也不是绝对的，要具体看看是什么样的情景，比如，公司已经开展了5S（5S是指整理、整顿、清扫、清洁和素养）运动，但看到有员工乱丢垃圾（如烟头、饮料瓶、纸屑、瓜果皮等），那就要用适合的方式进行制止，并要求该员工把扔掉的垃圾处理掉，这种行为是在帮助员工纠正不良行为。

思考 跨部门协作的注意事项有哪些？

第七章

有效授权的方法

LETTERS

　　多数管理者总是觉得很mang，
到底是怎么mang也说不清。忙碌？茫
然？盲目？出现这样的"三mang"有
不少原因，其中管理者不会授权就是
原因之一。本章通过对"三mang"
的分析、授权和工作分配的区别、
授权的含义、授权的益处、授权的
流程等几个方面，给管理人员提供
可正确有效授权的方法。

第69封信 工作中的"三 mang"

说到mang，多半先想到的是忙碌，其实还有两个mang——茫然和盲目。

在培训时，当我把这三个词同时展现给学员的时候，有的学员会说自己确实是"三mang"。听起来这话像开玩笑，但在实际工作中，不乏这样的例子。

有家制造型企业，他们是一家三级单位，经营自主权受上级的干预和制约，近些年高层领导更迭也比较频繁。虽然企业效益不太理想，但管理人员却十分忙碌，经常加班加点，忙着做事、不得空闲。有时由于上下意见不一，加之沟通不畅，一项工作刚有起色就得搁浅。比如，公司开展5S运动，轰轰烈烈、全员参与，做出了一些改善。正当员工们干得起劲的时候，上面要求先暂缓5S活动，全力以赴准备扩建新的生产线事宜。大家不知所措，很是困惑。由于上级公司时不时出台一些新规，内部要跟着变更调整，他们不知如何应对，做事认不清方向。这家企业上到高管团队，下到中层和基层，似乎都是这个样子。这是他们反馈给我的信息。

看到这个例子，你觉得他们的问题出在哪里？

当出现忙乱、茫然、盲目现象的时候，他们只是外部归因，把问题都归结于客观上。当然有一点不能否认，这家企业本身的体制和管理确实存在一些问题，管理人员工作任务重，压力大，这些是客观存在的。但另一方面，为什么总是忙忙碌碌，甚至茫然和盲目，管理者们是不是也应该反省自己，从自身查找原因，反思自己的工作方法和管理的方式呢？忙碌不是坏事，但如果茫然、盲目、忙乱，就会让人身心疲惫，徒劳无功。

后来在培训中进行的一个体验项目，终于让他们意识到了这一点。

这个项目要把学员分成几个小组，每个组6～7人，各组选出1名组长（当时他们分成了5个小组）。整个活动需要20分钟的时间。就在这短短的20分钟里，出现了许许多多的问题。现在把这些问题归纳和列举出来，希望你在今后的工作中能够避免，不去犯这样的错误。

第一个共性问题是在不清楚要完成的任务和目标的情况下盲目执行。

在布置完任务之后，我把5名组长集中到一起，询问他们有没有不清楚的地方，他们看上去各个胸有成竹，都急于回到组内动手操作。但事实上，他们对任务和目标的理解有的已经出现了偏差。

有的小组因组内意见不一发生了争执，这本身不是坏事，但糟糕的是，当出现意见分歧，对任务目标认知不一致的情况时，组长竟也不进行确认，按照自己的理解去执行，结果可想而知。

第二个共性的问题是缺乏实施的计划，拿来就做。

拿到任务之后，组长未能尽到自己的职责，没有统一指挥，没有统筹安排，没有明确分工，结果，大家忙成一团。而有的小组，组长和两三名组员忙得不可开交，其余的在一旁观看，本来是6～7人的工作任务，只有4～5人在做，浪费了人力资源。

第三个共性的问题是工作方法不得当，事倍功半。

不知道是巧合，还是因为他们的思维方式比较接近，5个小组居然选择了同一种操作方法，而这个方法是三种方法中效率最低、耗时最多的，因此，虽然大多数学员付出了很多努力，但事倍功半，没有一个组完成任务。

第四个共性的问题是对考核评价标准不明确，按自己的理解去判断。

为便于大家理解，在布置任务时，我把考核评价的标准投放到了屏幕上，希望他们在执行任务时能够参考。但对每个小组的业绩进行评价时，发现竟然有3个组理解错误。有的小组想当然地按照自己的理解去判断。不知道在实际工作中，他们是否也犯同样的错误。如果连评价的标准都不清楚，达标岂不是奢望吗？

第五个共性的问题是缺少监督、检查和控制。

在实际工作中，监督、检查和控制是保障工作质量的重要环节。在这个体验项目中，5个小组没有1个组做到这一点，他们只是一味地往前赶进度，完工后也不检查，匆忙交付，最后全军覆没。

除了上述这些问题，还有不少漏洞。比如：工作不够认真细致；相互配合和协作不理想；我行我素，不听从指挥；缺乏整体意识等等。

"以上这些问题，其实折射出了我们在实际工作中存在的问题。"这是该企业的老总在培训总结时讲到的一句话。这就不难理解，为什么那些管理者做事会忙乱、茫然和盲目了。

现在你要反思一下自己，在做事的时候，自身是否也存在上述那些问题，是否也患有这"三mang"症？

要避免盲目，首先你要明确做事的目的，如果不清楚，一定要及时与你的上司沟通，绝不可浪费宝贵的时间资源。

要避免茫然，首先要明确方向和方法，清楚自己的工作目标，搞清楚自己到底想要什么，在明确方向的前提下，寻找合适的方法。

而要减少忙乱，或忙得充实，首先你就要梳理工作的流程和标准，清楚工作的内容。区分哪些事需要自己亲自处理，哪些事可以交办给下属，并且要学会正确授权。

思考 怎样避免茫然、盲目和忙乱？

第 70 封信　什么是授权？

在这封信里，我们聊一聊什么是授权。

要避免上封信中说到的茫然、盲目和忙乱的局面，管理者一定要明确授权是什么，以及正确授权的方法。

顾名思义，授权从字面理解就是授予他人（下属）权利，说得具体一些，授权就是：

◇通过下属完成工作目标，而不是随便把工作分配下去。

◇是让下属拥有完成工作任务的适当权限和自主能力。

◇是决策权的下放，不过多干预。

◇是授予下属权利，不是责任，这是授权的绝对性原则。

在授权过程中，需要你注意的是：

◇授权不是参与。因为授权的前提条件是被授权的下属有能力胜任授权的工作。

◇授权不是弃权。相反，只有把适合的工作授权给下属，你才有更多的时间。

◇授权不能授责。授出去的工作是你应该做的，结果如何都要由你承担。

◇授权不是简单的分工。

关于授权的具体方法我们在后面继续交流。

■■■ 思考 怎样理解授权？

第 71 封信　工作分配和工作授权的区别？

这封信聊一聊工作分配和工作授权有什么区别，了解了他们的差异和不同点，才能更好地授权。

工作分配和工作授权的区别至少有以下三点：

1. 工作分配是被动的；而工作授权是主动的。

2. 工作分配是管理者把下属应该做的事分派给他们去做；而工作授权是把管理者该做的一部分工作授给下属去做。

3. 工作分配是责任和权力都由下属自己负责；工作授权是下属只负责做事，而责任由管理者承担，即只授予权利不授予责任。

另一方面，不是每个员工都可以被授权的，授权的对象需要具备一些条件，这个问题，我们在后面具体交流。

☞ 思考 工作分配和工作授权有哪些区别？

第 72 封信　工作授权的益处

这封信聊一聊授权有哪些好处，或者说授权的目的是什么。

了解和掌握这些内容，有助于培养你授权的意识，通过有效的授权获得授权所带来的好处，而你正是授权的第一个受益者。

授权一举多得，包括管理者、下属、团队乃至企业，都有很多的益处。

1. 对管理者而言，授权可以让管理者有更多的时间去思考更重要的工作，还可以培养下属、锻炼下属，让下属的能力得到提升，培养后备人力。

2. 对下属而言，通过完成具有挑战性的任务，可获得成就感，提升自己的能力。同时，因得到上司的信任和自己的价值得到了认可而受到鼓励。

3. 对团队而言，可以提高团队的工作能力，增强团队的凝聚力，提高团队的工作效率等。

4. 对企业而言，可以说这些益处都能得到，其中最为重要的是可以提高员工的能力，培养人才，建立人才梯队。

👉 思考 授权的目的是什么？

第 73 封信　管理者不授权的原因

授权虽然有诸多好处，但有的管理者在授权方面做得并不到位。在这封信里，我们一起剖析一下，为什么有的管理者不对下属进行授权，其原因有哪些。

管理者不授权的原因大致归纳如下：

1. 想授权但不知道正确授权的方法

这个原因很好解决，学习方法之后多去实践和运用就好。

2. 不放心，过于看重自己

这个比较糟糕，结果是双输，自己很累，下属能力又得不到提升。

3. 对效率的曲解，认为交办下属做不如自己做得快

在下属人数不多、工作任务紧迫时，可以根据实际情况，适当地帮助下属或者替下属做事，但随着业务规模的扩大和下属人数的增多，就不能停留在"交办下属做不如自己做得快"这种错误的认知上，不可过多地替代下属，否则纵使你有三头六臂，也无法完成工作目标。

4. 怕被下属取代，不愿意授权

人的心理是很复杂的，把它解释清楚也很复杂。简单地说，人有以自我为中心的倾向。或者更直白地说，人是以自我为中心的。有家企业机制改革，对原有的制度、管理模式等都重新做了梳理和

调整，其中对干部任免也出台了新规，实行两年一聘制，员工只要符合公司规定的条件，都可以竞聘。对这样的新规，原来的管理者们忧心忡忡，担心自己被别人替换。课间有位学员坦言："现在的处境是'泥菩萨过河自身难保'。"这种心理，自然不可能去培养下属。

5. 没有合适的下属，认为他们的能力不足

如果没有合适的下属，你就要培养。有关下属培养的方法，我们在后面继续交流，在这里先提醒一点：培养你的下属是你的责任！

6. 习惯于事必躬亲

事必躬亲的结果，一定是管理者自己忙得焦头烂额，而业绩又不理想。

我们可以这样讲：忙累的不是工作本身，而是取决于作为管理者的你是否掌握了正确的工作方法，是否能正确认知事物。

请记住，团队任务务必靠团队完成。

☞ 思考 为什么管理者不授权？怎样避免上述问题？

第74封信 区分可以授权和不可以授权的工作

在前面的几封信里，已经了解了什么是授权，工作授权和工作

分配的区别，授权的好处，以及管理者不授权的原因等。在这封信里聊一聊哪些工作可以授权，哪些工作不可以授权。

不是所有的工作都可以授权的，在授权时，首先要弄清楚的就是哪些工作是可以授权的，而哪些工作是不可以授权的，这是授权的第一步。例如，可以授权的工作有：

　　◇日常的一些工作；

　　◇专业技术型工作；

　　◇下属做得更好的工作；

　　◇一些监管项目；

　　◇低风险或风险可控制的工作；

　　◇准备报告等。

有些工作是不可以授权的，必须由管理者亲自处理，例如：

　　◇设定工作目标/制订计划；

　　◇新员工甄选、考核、处罚、激励士气等；

　　◇解决部门之间的冲突；

　　◇发展及培养部下的能力；

　　◇高风险的工作；

　　◇需要你身份的场合等。

举个例子，这是一位在地产公司负责结构设计的经理提交的练习，他列出来的是自己近一个月的工作内容：

1. 负责各专业之间的协调工作；

2. 完成正在进行中的两个项目；

3. 负责例行工作（如部门例会，员工考勤等）；

4. 参加方案讨论会;

5. 外派2名下属参加为期2天的专业培训;

6. 带一名新来的员工（应届毕业）;

7. 启动一个新项目，按甲方要求派人到现场工作等。

如果你是这位经理，你认为上面几项工作，哪些可以授权？哪些不能授权？

可以授权的工作:
不可以授权的工作:

思考 梳理一下自己的工作，哪些工作可以授权？哪些工作不可以授权？

第75封信　适合授权的下属

并不是所有的下属都是适合授权的。那什么样的下属适合授权？这样的下属要具备哪些条件呢？这封信就聊一聊具备哪些条件的下属可以授权。

适合授权的下属应具备下列四点，我们可以将其称为"四有员工"：

1. 有良好的业务能力。

2. 有积极的工作态度。

3. 有适中的工作任务。

有业务能力，又有良好的工作态度和意愿的员工，往往被称为"人财"，而这样的员工是很受公司和上司器重的，他们的工作量也比较饱和，甚至超负荷。因此，给他们授权时，除了有能力、有意愿，还要考虑他们是否有时间。

4. 有良好的人际关系。

如果被授权的工作不需要太多的协调就可以独立完成，那么具备前三个条件就基本可以了。但如果授权的工作需要大家配合和协调度高，被授权的下属还要具备第四个条件，就是有群众基础和良好的人际关系，具备了这一点，才好开展工作，也便于得到他人的支持和协作。

现在，你可以对照自我衡量一下，看看你自己是不是你的上司能授权的对象。

思考 认真分析下属，有适合授权的对象如何对待？若没有怎样处理？

第76封信 正确授权的方法

这封信聊一聊正确授权的方法。

正确授权的方法有以下几个步骤：

第一步是要先区分哪些工作可以授权，哪些工作不可以授权。

第二步是选择符合授权条件的下属。

这两步在前面的信里已经明确讲到过，可以翻回去看一看。

第三步是清晰明确地交代和说明任务。

在这一步，你要注意如下几点：

1. 概述工作目标、任务和你的期望；

2. 说明对其授权的原因，让下属受到鼓励；

3. 交代清楚任务完成的时间期限；

4. 提供信息给予支持，告知在哪里开展工作。

第四步是要确认下属是否理解。

一个工作安排下去，往往会出现下属似懂非懂的情况，许多时候下属并没有理解清楚上司的意图。即便这样，有的下属也不会及时确认，就按照自己的理解去做事，其结果可想而知。所以，在你布置和交代任务后，务必要确认下属是否理解。具体做法是：

1. 让下属复述任务的内容，确保理解的正确性；

2. 如果下属提问，要认真给予回答；

3. 可以听取下属对于完成任务的想法，必要的话一起交流；

4. 如果授权的工作需要较长时间，可以提出中间报告的要求；

5. 鼓励下属，让他确信自己有能力完成任务。

第五步是提供资源和支援。

授权的前提条件是被授权的下属有能力完成这项工作。因此，在完成任务的过程中，你不应过分地干预，要鼓励员工按照不同的思路、不同的方式去完成任务。在这一步，你应做到：

1. 鼓励下属的主动性和创造性，允许不同的做事方法；

2. 在下属执行任务时不过多干涉；

3. 适当进行过程的跟进，随时准备提供帮助；

4. 发生问题时，引导下属思考原因，并采取对策。

授权的最后一步是进行评价和总结。

当被授权的工作结束之后，你要及时总结评价和反馈。如果下属完成的工作令你满意，应积极地给予肯定；如果完成得不理想，也不应该埋怨与指责下属。这只能说明你对下属还不太了解，你选错了授权的对象，况且授出去的工作本身就是你应该做的，下属没有做好也无可厚非，你不但不可以在其他同事面前责备这名下属，还应感谢他的支持。

思考 怎样给下属进行授权？

第 77 封信　授权的注意事项

这封信聊一聊授权的注意事项。

在上封信里，我们交流了正确授权的方法。为了让授权工作更有效，有几点注意事项需要提醒你。下列这样的做法是授权禁忌，是不可取的行为。

1. 交付责任却不授予相应的权力

授权授的就是权，而不是责。请记住，不管被授出去的工作下属完成得怎样，结果如何，其责任应全部由你承担。结果好，功劳要归下属；结果不好，或完成得不理想，你应挺身而出——这是我的责任!

2. 任务指派不清楚

在日常生活和工作中，你是否有过这样的经历，比如你和某人沟通一件事，你觉得你说得已经很清楚了，所以，你就认为对方一定听明白了你的意思，但结果并非如此。有一位生产部经理跟我聊起过自己的经历：因客户的订单临时改变，原订的两种型号产品中，一个要增加产量，一个要减少产量。这位经理确信自己向负责晚班的主管交代清楚了，但还是出了差错。所以，在给下属指派工作时，一定要进行确认，自己觉得说清楚了不重要，下属听明白才是重要的。

3. 在与被授权方探讨时替对方做决定

如果你选择的授权对象合适，那这名员工就有能力完成这项工作，所以，在遇到问题时，要让下属拿主意，让他做决定。

4. 不鼓励新的主张和流程

既然把权力授出去了，这项授出的工作就应全权交给下属去办，并鼓励下属突破惯性思维，采用新的思路、新的方法。

5. 在被授权人正常的状态下，撤销授权

这是授权的大忌，会严重挫伤下属的积极性。即使中途发现授权的下属确实不能完成工作，不得已要撤销授权，也得讲究方式方法，最大限度地保护下属的自尊。在这种情况下，你首先要找这名下属谈心，其步骤是：

（1）感谢他对你工作的支持；

（2）告诉下属后面的工作由你接手继续完成；

（3）说出你的希望，让该下属一如既往地支持你的工作。

6. 对下属所犯的错误进行过激的反应

做一项新的工作难免会出现问题或错误，你是上司，就要有上司的风度，发现问题，及时进行指导和帮助。

7. 未能设置足够的跟进

授权虽然和日常工作的控制有所区别，但授权之后也要进行跟踪管理，确保下属能完成授权的任务。

除了上述几点注意事项之外，授权要公开进行，同时，在下属执行授权任务的整个过程中，你都要鼓励下属提升自信，坚定不移地支持下属。

思考 授权的注意事项是什么？

第78封信　授权后的有效管理

这封信聊一聊授权后怎样进行管理。

工作授权后，也要进行后续的管理，这时，需要注意以下几点：

1. 强调结果，而不要过多地关注过程

授权的前提条件是被授权的下属有能力完成工作，所以，把自主权充分给到下属，让下属自己掌控过程，鼓励下属提升自信，确保提交好的结果。

2. 坚定不移地支持下属

授权应公开进行，目的是能得到其他人的支持和协助。同时，你要给下属提供必要的资源和支援，坚定不移地支持下属的工作。

3. 帮助下属解决问题

当下属在执行任务的过程中遇到问题时，要不遗余力地支持和帮助下属。如果发现下属的能力与工作任务的难度不匹配，也不能责怪或者指责下属，应先对下属表示感谢。在时间允许的情况下，可以带着下属一边指导一边做。

4. 及时评价和反馈

作为下属，能得到上司的认可和肯定，是很受鼓舞的。在授权之后，要及时进行反馈，充分调动下属的积极性。

思考　授权后怎样进行管理？

第八章

做好会议管理

本章导读

　　召集会议、参加会议，这是管理者日常工作的一部分，但不少管理者不太会管理会议，导致浪费了大量的时间资源。本章从管理者在会议中扮演的两个角色、会议的不同类型和特点、会议的事前、事中和事后的控制、三星会议管理的借鉴，以及会议的主持和参会的方法等方面，启发管理者有效管理会议的方法。

第 79 封信 会议中管理者扮演的两个角色

这封信我们聊一聊在会议管理中你扮演什么角色。

一个公司的会议文化，中层管理者无法左右和改变，公司层面的会议，中层管理者也没有干预的权限。但你要开展工作，一定会涉及会议，会议是不可或缺的沟通方式，即使今天网络已经非常发达，也无法替代面对面的交流，会议管理是管理者必不可少的工作内容之一。我们暂且抛开公司层面的问题，还是从管理者的权限范围来看一下对会议应该怎样进行管理。

在会议管理中，中层管理者无外乎扮演两个角色，一个是会议的主持者（含组织者）；一个是会议的参与者。

有时候，你既是会议的组织者，也是会议的主持者；有时，你只是会议的组织者，会议由领导来主持。不管是哪种情况，你都要了解具体的内容和方法。

至于怎样组织会议？怎样主持会议？怎样做一个合格的参会者？我们在后面的信件里会分别进行交流。

看 思考 在会议中，管理者扮演的两个角色是什么？

第 80 封信　管理者组织会议的类型

在日常工作中，中层管理者组织的会议类型有不少，这封信就聊一聊有哪些会议类型是你常遇到的，这些不同会议的运作要点是什么。

在工作中，你要组织的会议大致有以下这些类别：

1. 部门例会；

2. 信息传达的会议；

3. 业务相关的会议；

4. 解决问题的会议（包括突发事件的处理）；

5. 研讨类会议；

6. 工作总结会议。

除上述共同类别的会议之外，不同的企业会有很多不同类型的会议，比如制造型企业有安全会议、品质会议、生产协调会议、民主生活会、生产班组班前会和班后会议等；服务行业如通信公司有营业厅会议、部门内/跨部门专项工作沟通会议、季度经营分析会议、月度经营分析会议、总经理办会议等。

对你而言，你需要搞清楚你所在的公司都有哪些会议，针对不同的会议要采取不同的方式去应对。

现在，就上述列出的几个不同类别的会议，对其运营的要求和特点进行一下梳理。不同的会议有不同的特点和要求。比如：

1. 部门例会：一般是每周召开一次，主要围绕部门一周工作开展情况进行回顾、总结，并布置和安排下周工作，有特别事项时及时强调和说明。

2. 信息传达的会议：要保持信息的完整性，不可遗漏重要信息，要让与会者明确所传达的内容。随着互联网的发展，信息发布的途径也越加广泛，但面对面的信息传达手段是不可缺少的。根据情况，这类会议可以运用网络手段进行传达。

3. 解决问题的会议：通过进行充分的分析，找出主要原因，明确需要解决的问题，制订切实可行的解决方案。

4. 研讨类的会议：一定要明确研讨的内容和主题，要求人人参与，不能搞一言堂，要注意引导，规定发言的时间等，最终要得出结论。

5. 工作总结会议：四部曲是回顾工作内容和成绩；找出存在的问题和不足；明确改进措施；提出下一阶段的工作任务。

需要注意的是，不管什么类型的会议，都要严格控制会议时间和参会的对象。

思考 1. 除了上面讲到的会议类型，在你的日常工作中，还有哪些常遇到的会议？

2. 这些会议运营的要点是什么？注意事项是什么？

第 81 封信　高效会议的特点

前面已经提到过，在会议中你通常扮演两个角色，即会议的主持或组织者，还有就是参会者。如果是你组织的会议，就一定要确保会议的效率和效果，这封信就聊一聊高效的会议有哪些特点。

高效的会议，有以下共性的特点：

1. 只有必要时才召集

可开可不开的会议可以采用其他的方式代替，如网络、微信、视频等，一定要碰头的会议就不能省去，毕竟面对面的沟通是最有效的方法之一。

2. 事前筹划和准备，明确主题和目的

除了突发事件和紧急的情况，其他的会议一定要事前进行筹划和准备，包括会议的议题、目标、内容、时间、对象、地点等。

3. 拟订和发送议程表

事先把拟定好的议程表发送给参会者，以便让与会者明确会议

的目的和内容。

如果是研讨会，就更需要提前把题目和内容发送给参会的人员，这样可以提前进行思考和准备。

4. 遵守时间

有一次培训，上午9点上课，但给学员们发放的通知是8点半开始，我以为培训主管写错了时间，还确认了一下，结果对方告诉我没有写错，是特意的，希望通过提前半小时的通知，敦促学员们9点都能赶到教室。即便这样，还是有员工姗姗来迟。课间和他们聊天，得知这家企业开会时，迟到的现象更是严重，甚至领导带头迟到。这是一种很糟糕的企业文化，如果你所在的企业也存在这样的不良倾向，希望至少在你的权限范围内能够做到准时，继而带动下属和身边的员工。

5. 按计划和议程进行

除非有其他干扰或意外，会议要按照事先的计划和议程进行。我曾多次参加过企业内部的会议，比较普遍的问题是跑题、拖延、低效率，甚至把事先的计划抛在一边，比较随性，这样的结果往往是既浪费时间资源，又达不到目的。

6. 归纳总结，得出结果

这需要会议的主持者掌握和运用好会议管理的技巧和方法，主持者要及时归纳和总结会议的内容，并得到相应的结果。

此外，有些重要会议一定要有会议记录，不同的企业对会议记录有不同的要求，根据实际情况，会议记录存档时间有长有短。

另外，从公司的角度，为了提高会议的效率，还要对不同层级的员工进行相应的培训和训练，让员工掌握开会的技巧和方法，内容包括怎样开会？怎样主持会议？如何做会议记录？会后怎样进行追踪？对待分歧怎样做到求同存异？如何表达自己的意见等。

　　把上面这些特点归纳起来，高效的会议要做到：提前计划、事前训练、充分准备、把控时间、归纳总结、议而有果。

思考 高效的会议有哪些特点？在你组织会议时，怎样做到高效？

第 82 封信　会议的事前控制

　　我们曾经谈到过控制的三个阶段，即事前控制、事中控制和事后控制，而会议的准备就属于事前控制，只有充分准备，才能确保会议的效率和有效性，这封信就来聊一聊怎样进行会议的准备。

　　有次去一家企业培训，开场安排领导致辞，请公司领导对中层干部讲一讲公司和高层的期望，让他们认真学习、积极参与，这本来是一件很好的事，可事先安排的十五分钟发言时间，这位领导严重超时，讲了一个多小时还没讲完。坐我旁边的员工看看时间，偷偷告诉我说：我们领导开会时也是这样，会议开到晚上七八点钟是家常便饭，有时更晚，话匣子一打开不好收场。

　　对于领导的这种习惯，或许我们无法干涉，但可以吸取反面的教训，不能犯类似的错误。鲁迅先生曾说过："时间是组成生命的材料，浪费别人的时间无异于是谋财害命。"凡事我们都应该有时间的概念，开会当然也是如此。

在前面的信件里提到的那些会议，不管是哪种类型，在进行会议准备时，下列这些要素都是共性的，都要明确以下几点，也就是要遵循我们曾提到的5W2H的基本原则：

1. 目的：凡事都要明确其目的所在，不同类型的会议有不同的目的，在组织会议时，主持者务必要明确会议的目的是什么，要得到什么结果。

2. 内容：根据会议的目的和会议的类型，准备相应的内容。

3. 时间：在会议准备阶段就要明确开会的时间，前面已经强调过，如果是可开可不开的会议，就一定不开，看看有无其他替代的方法。

4. 对象：除了宣传教育性会议，或对象明确的会议以外，通常要限制参会的人数，可参加可不参加的人员一定不要让他们参加，以免浪费他们的时间。

5. 方法：会议的基本形式有三种，即面对面会议、电话会议、视频会议，微信诞生后，也有的企业采用这种方式。管理者组织的会议，一般是部门会议居多，而部门会议往往采用面对面的方式，这也是最直接的方法。

6. 地点：不同的会议会选择不同的地点，年度部门会议可能会选择在公司外面的场地进行，部门例会几乎都在公司以内进行。

7. 费用：说到会议的费用，是大家最不解的。在公司内部开会，还有什么费用发生吗？当然有。会议的费用包含会议的时间成本、会议的直接成本、效率损失成本等。相比之下，直接成本肉眼可见，如茶歇、印制资料等；而间接成本往往被疏忽了，比如，参会对象的选择不正确，那么，参会时间内他们是无法工作的，他们的工时就是间接成本。作为管理人员，这些因素都要综合考虑。

除此之外，从公司层面，应该由相应的部门去管理会议，并制作统一的会议管理工具。如果你所在的企业在这方面的管理比较薄弱，你可以尝试着去改善，或给相关的部门和领导提出建议。如果没有相应的管理方法，或者即便有，在员工工作时没有去应用，或公司没有进行普及和相关的培训，员工们依然会按照自己的习惯做法去做，其结果就会比较混乱。举个日常生活和工作中的例子，想必你也可能遇到过，比如你收到某同事的邮件，或者某员工发来的通知，你发现没有称呼、没有落款，也没有日期，收到后搞不清楚是谁发来的，也不知道是什么时候发来的，这样的书写让人觉得很不职业。虽然现在网络系统非常发达，可能不再需要纸质工具，但常用的会议管理工具统一格式和制订出规范还是非常必要的。在一个企业内部，如果员工没有统一的操作方法，发个通知也是我行我素，没有规范可循，管理就比较混乱。如果向外发送文件，出现上述没头没尾的现象，就会影响公司的形象。所以，还是想重复强调一点，管理无小事，点滴问题不及时处理，就会聚成大的事件。

企业常用的会议管理工具有：

1. 会议签到表；

2. 会议准备清单；

3. 会议议程表；

4. 会议通知；

5. 会议记录表；

6. 会议评价表。

这些工具的制作，没有金科玉律，你可以结合企业的实际情况而定。

以《会议准备清单》为例，不同的会议，准备事项会有所差异，但也有很多共性。通过《会议准备清单》进行检查和确认，可以确保和防止准备上的遗漏。

会议准备清单（例）

NO	准备事项	备注	确认(√)
1	了解会议的目的		
2	确定会议的形式/类别		
3	确认会议的时间	包括具体的日期和时间的长短	
4	确定会议的地点		
5	确定出席会议的人员		
6	安排会议的议程		
7	发出会议通知	包括与会者需要提前准备的事项等	
8	确定会议的主持人		
9	会场的布置		
10	安排出席者座位		
11	准备会议签到表		
12	准备参会者的桌牌儿		
13	需要提前准备的资料		
14	确定会议的记录者		

续表

NO	准备事项	备注	确认(√)
15	所需要的设备	投影仪，屏幕，电脑，白板/笔，激光笔等	
16	准备茶点	根据需要进行准备	
17	准备横幅		
18	安排与会者食宿	选择外部场地时需要考虑的因素	
19	安排车辆		
20	准备会场周边线路图		

一个好的管理者，不应该浪费自己的时间，当然也不能无端浪费员工的时间。有的管理者经常加班，下属也只好跟着一起受累。这是为什么？是公司的工作氛围和习惯必须要加班吗？是工作任务过于繁重必须加班吗？是直属领导管理过于严格吗？类似的问题得到的答复常常是肯定的，但身为管理人员，是不是也要反省一下自己工作的效率和做事的方法呢？开会亦是如此。

☞ 思考 怎样进行会议的事前控制？

第 83 封信　会议的事中控制

不同类型的会议，不仅开会的目的不同，会议准备的事项不同，会议主持的方法也有所不同。对于不同会议的组织要点，在前面的信里我们已经提到过，在这封信里，以研讨会为例，看一看怎样组织和管理研讨会，才能达到预期的效果。

在主持会议之前，首先你要明确开会的目的是什么。人们容易犯一个错误，就是在做一件事情的时候，有时只忙于做事，而忘记了做事的初衷，以至于偏离了当初做此事的目标。在开会时也会犯同样的错误，明明是要召开研讨会，却成了闲谈和聊天，或者领导和主持者一言堂，参会者成了听众，根本没能参与进去，这样的结果，既浪费了时间，又没能达到预定的目的。

研讨会的召开通常分四步曲：

1. 确认准备事项

2. 导入会议议题

3. 开始讨论

4. 得出结论

1. 确认准备事项

研讨会的准备事项可以参考我们在前面的信里列出的《会议准备清单》，在这个基础上，还要强调三点：

（1）开会通知是否充分说明了会议的议题及目标；

（2）会议人选、场地是否合适；

（3）会议使用的器具是否齐全。

尤其是第一点，要让参会人员事前明确开会的主题和目标，以便提前进行准备和思考。

2．导入会议议题

这一步要注意以下两点：

（1）在导入会议议题之前，要营造良好的会议气氛，同时明确说明开会的目的；

（2）让参加会议的人员都秉持积极的态度参与其中，并强调会议的时间。

3．开始讨论

在开始讨论时，要做到以下几点：

（1）针对议题深入讨论，不可跑题；

（2）让大家踊跃发言，必要时规定发言的时间，做好时间控制；

（3）偏离议题时及时进行引导；

（4）意见不同时要充分沟通，做到求同存异，寻求最佳方案；

（5）会议气氛保持生动活泼和热烈。

4．得出结论

不少企业在开会时时常存在议而不决、不了了之的现象。如果你是会议的主持者，一定要避免这样的情况发生。在这一部分，你要注意和确认以下几个事项：

（1）是否简明扼要地综合了大家的意见；

（2）得出的结论是否得到了大家的共识；

（3）在意见相左时，是否常用表决方式得出结论；

（4）对结果有无指定专人负责执行；

（5）在预定时间内结束会议。

以上有关研讨会管理的四步曲，在组织和召开其他会议时也可以进行参考，如果是重要的会议，还要指派专人进行记录，根据公司的规定和要求存档。

思考 你所在的企业常开的会议有哪些类别？怎样对那些会议进行管理？

第 84 封信　会议结束后怎样进行跟进？（会议的事后控制）

作为会议的组织者和主持者，并不是会议开完，工作就结束了，后续还有要做的工作。如果只是开过会议，没有后续的跟进和管理，会议结果就不能得到有效落实。会议结束之前和结束之后，会议的主持者要进行如下工作：

1. 请大家填写会议评估表

在培训结束之后，通常会对培训结果进行评价，这种方式也可以运用到会议管理中，评价对象是参会人员。

2. 针对意见制订改进措施

通过收集参会者的反馈意见，制订改进措施，并改善今后会议的质量和效率。

3. 询问和联络缺席者

如果应出席会议的有关人员缺席会议，则应在会议结束之后询问和了解情况，并把应该让他们知道的内容第一时间传达给缺席者。

4. 制订跟进计划并负责跟进

对会后要落实的事项及时进行确认，并指定负责人，如果需要可以找高层予以协助。

5. 回顾和总结会议实施情况

如果会议计划进行顺利，可以取消下次会议的话，则务必取消，避免和减少时间浪费。

6. 及时发送会议记录

会议结束后，让记录人员及时整理会议纪要，并在最短的时间内把会议纪要发送给每个参会者，以便明确需要落实的事项和工作。

思考 怎样进行会后的控制？

第85封信　怎样主持会议

如果是你主持会议，不管什么类型的会议，都要做到有条不紊、善始善终，这封信就来介绍一下主持会议的通用方法和注意事项。

1. 营造和谐的会议气氛

这是会议的主持者首先要注意的问题，气氛和谐才有助于会议的顺利进行。

2. 紧扣主题，并按议程进行

不管是什么会议，主持者一定要紧扣主题，按照事先拟定的会议议程进行，这样才能保证会议按时完成，如果发生突发事件，要及时应对。

3. 归纳总结会议内容

进行归纳和总结，体现的是主持者的能力，在明确会议的目的和议程的前提下，主持人要认真倾听参会者的发言，及时整理会议内容，帮助参会者理清思路，并与参会者共享。

4. 引导发言者清楚发言

如果有人跑题或者发言不清晰，主持人有责任、有义务进行引导，让所有的人明确开会的目的。

5. 避免与议题无关的争辩和讨论

在开会过程中，避免和减少与会议无关的争辩，注意内容和时间的把控，保持头脑清醒，不能偏离会议的主题。

6. 精神饱满，保持自信的态度

调整好自己的状态，在参会者面前保持良好的职业形象，不但要持有积极的态度，语言和肢体语言都要传播正能量。

思考 除上面列举的几个方面，主持会议还需要注意什么？

第86封信　怎样做合格的参会者？

在前面的信里，我们已经聊过管理者怎样组织和主持会议，这封信就来聊聊怎样扮演一个参会者的角色，以及需要注意的事项有哪些。

参加会议是管理者的日常工作之一，但不少人往往是被动的参加，敷衍、应付、溜号、开小差等现象比较普遍，如果改变不了别人的不良习惯，我们是否应该从我做起？

会议中参会者常有的表现

当你得到参会的通知时（除临时召集的会议），需要做到以下几点：

1. 了解会议议题、目的和相关内容，并积极参与。

2. 遵守会议时间。

一个人的职业化程度处处可以体现出来，别人是否遵守那是人家的事，从我们自身来说，应该用高标准要求自己，不论是开会、培训还是与他人约会，都要遵守时间。

3. 事前做好发言的准备，提出合理的意见。

要进行研讨、交流和发言的会议，应提前进行相应的准备，并提出合理的建议。当自己的想法与他人差异较大时，要做到求同存异；如果确实无法达成共识，可以在会议结束后以适合的方式继续进行沟通与交流。

4. 遵守会议的要求和规则，不影响会议秩序（如手机）。

如今手机已成为人们不可缺少的工具，但随之带来了诸多的问题。有些员工不管在什么场合都玩弄手机，看似是小事，实则是对对方的一种不尊重，除非有重要的业务非接听电话不可，除此之外要做到三个不：不打、不接、不响。

5. 认真倾听别人的发言，尊重他人的意见，尊重主持人。

另外，在会议结束之后，也要进行跟进，比如，拿到会议记录要认真阅读；弄清楚哪些事项是必须落实的；考虑自己的任务及完成方法等，并采取措施加以落实。

在参加会议时，不可成为这样的参会者：

1. 蝉：就像知了一样，时常交头接耳，不断地说话；

2. 猴子：坐不住，甚至走动；

3. 螃蟹：横着走，不与人保持一致；

4. 驴：像一头倔驴，固执己见，不能很好地听取别人的意见；

5. 鲨鱼：强势好争，目中无人，不懂得尊重他人。

不要成为以下的参会者

蝉　　猴子　　螃蟹　　驴　　鲨鱼

思考 除上面说到的几点，扮演好参会者，还需要注意些什么？

第 87 封信　会议中怎样发言和倾听？

从企业的层面而言，在借鉴其他企业做法的同时，还需要结合本企业的实际情况，制订会议管理的相关规定，打造良好的会议文化等。而从企业中层管理者的角度来说，虽然无法左右这些，但这并不意味着我们只能袖手旁观。你可以从自身出发，查找一下有哪些做法是值得学习和借鉴的，并努力运用到实际工作当中，即便这不是企业的行为，你也会有很多学习的地方。在此，先列举第一个可以借鉴的内容，就是在开会时如何发言和倾听。

不论是对于会议的主持者还是参会者，部分企业都有明确的要求，而这些要求同样适用于我们每一位管理人员，你不但要学习人家的做法，更要加以运用。

在参会发言时，可以借鉴以下做法：

1. 拟定和思考发言的大纲，理清发言的思路；

2. 先从重要的部分说起，从正面的、肯定的方面说起；

3. 表达时既要简单、又要有逻辑，用一句话概括一种想法；

4. 使用的语言要切合实际业务，让听者能够理解。

在倾听他人发言时，要求做到：

1. 抱着真诚的态度认真倾听；

2. 得体地运用肢体语言（比如身体前倾、注视对方、表情放松等）；

3. 使用语言或肢体语言适当地进行反馈；

4. 积极地接受新的信息，积极地参与会议的决议。

思考 在会议管理中，你是否做到了上述的要求？怎样改进自己不足的地方？

第 88 封信　对会议管理者的共同要求

在前面的信里，我们已经聊过会议主持者所要做的工作和参会者应该注意的事项，为了让你所管理的会议更加高效，在此，一起把会议管理者共同的要求作一下梳理。

第一，要提前进行充分准备，包括拟定会议议程、明确会议目的和内容、确定参会人员、安排合适的时间等等。

第二，充分发挥自己的作用，引导参会者积极参与。

第三，具备一定的领导能力和组织能力，会议气氛活跃，方式灵活。

第四，时间控制到位，不拖延，做到准时开始、准时结束。

第五，对参会者的发言能进行归纳和总结。

第六，不固执己见，认真倾听不同的意见。

第七，保证会议的效率，并能得出结果或结论。

至于怎样做一个合格的参会者，在前面我们已经具体介绍过，在此把参会者的几点基本要求列出来，目的是让各位读者对照自己，检查一下哪些没有做到，以便在今后的工作中进行改进。

对参会者的基本要求

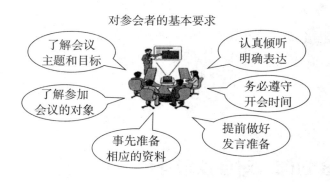

了解会议主题和目标

认真倾听明确表达

了解参加会议的对象

务必遵守开会时间

事先准备相应的资料

提前做好发言准备

思考 对照会议的要求，自身有哪些需要改进的地方？如何改进？